AF561583

COURS
DE
MATHÉMATIQUES
A L'USAGE DE
L'INGÉNIEUR CIVIL,

PAR J. ADHÉMAR.

TRAITÉ
DE PERSPECTIVE
LINÉAIRE.

TROISIÈME ÉDITION, REVUE ET AUGMENTÉE.

PARIS.
LACROIX-COMON ET BAUDRY, Libraires, quai Malaquais, 15.
L. HACHETTE ET Ce, Libraires, rue Pierre-Sarrazin, 14.
VICTOR DALMONT ET DUNOD, Libraires, quai des Augustins, 49.

1860

Imprimé par E. THUNOT et Ce, rue Racine, 26, près de l'Odéon.

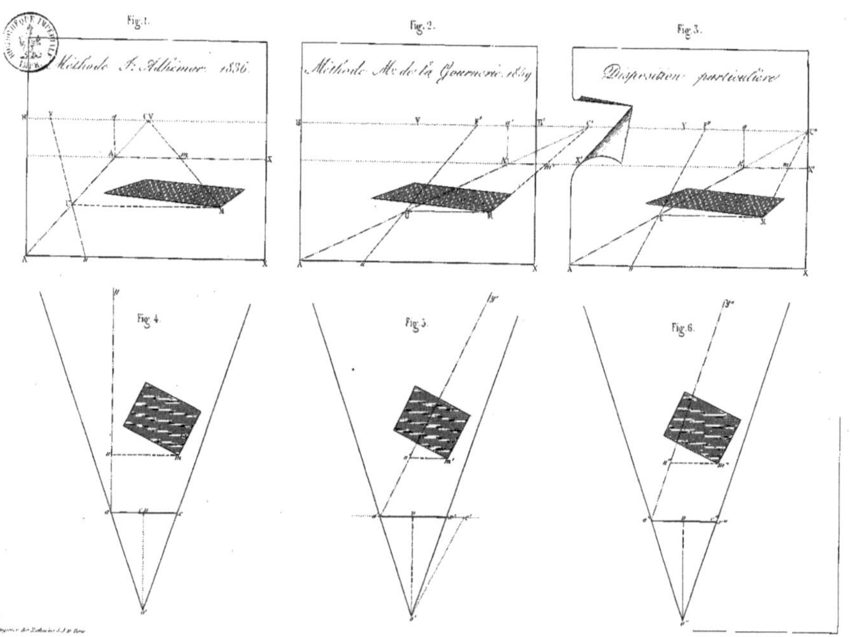
Fig. 1.
Méthode J. Adhémar. 1836.
Fig. 2.
Méthode Mr de la Gournerie. 1859
Fig. 3.
Disposition particulière
Fig. 4.
Fig. 5.
Fig. 6.

Définition. Principe.

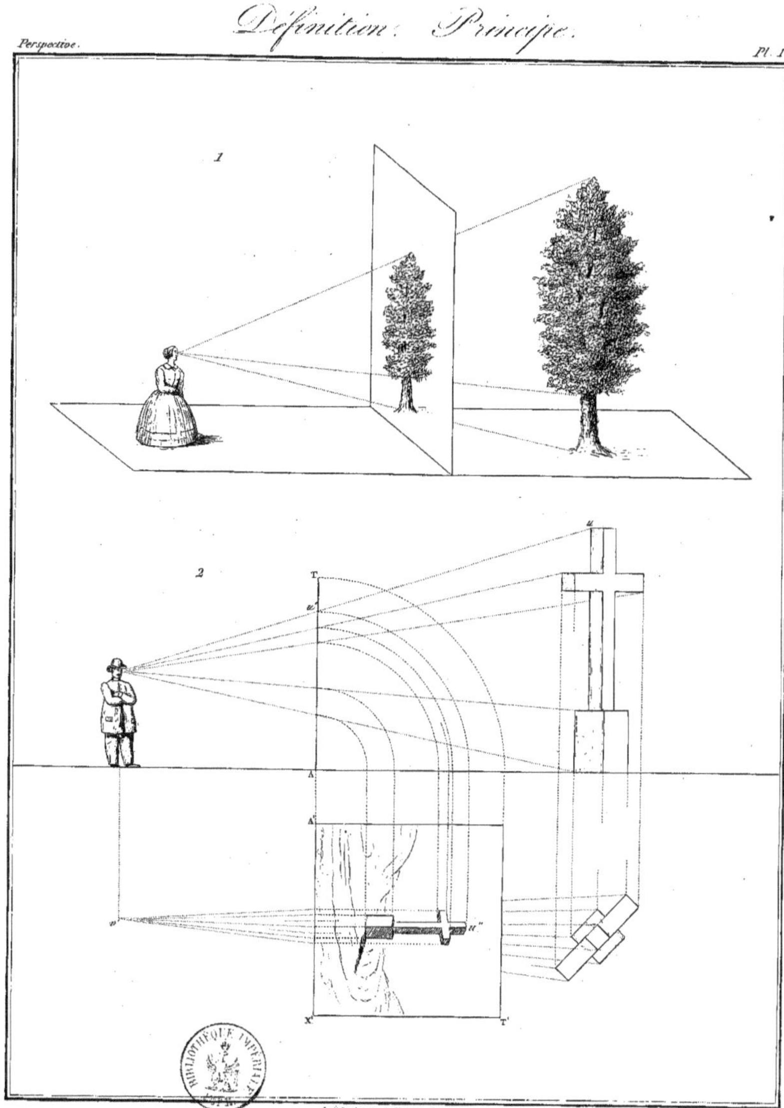

r. des Mathurins St Jacq. Paris.

Points de concours.

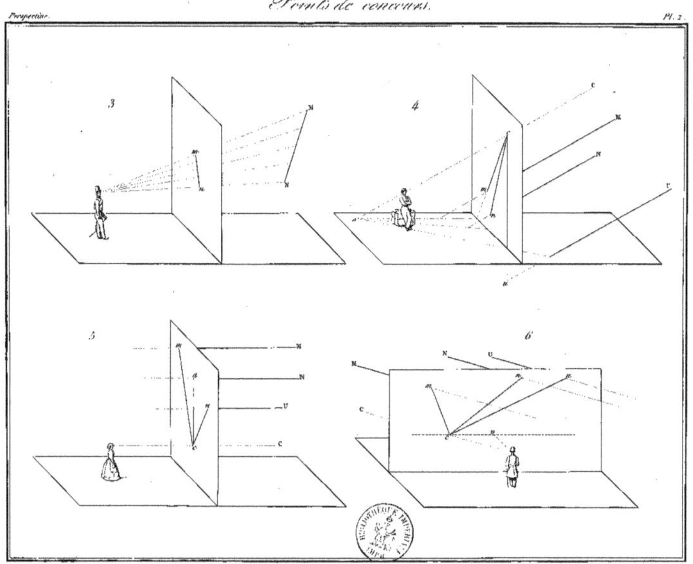

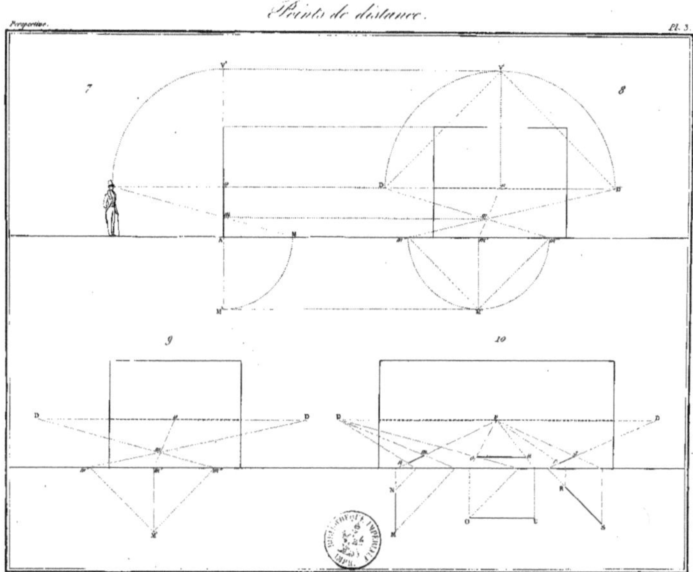
Points de distance.
Perspective.
Pl. 3.
7
8
9
10

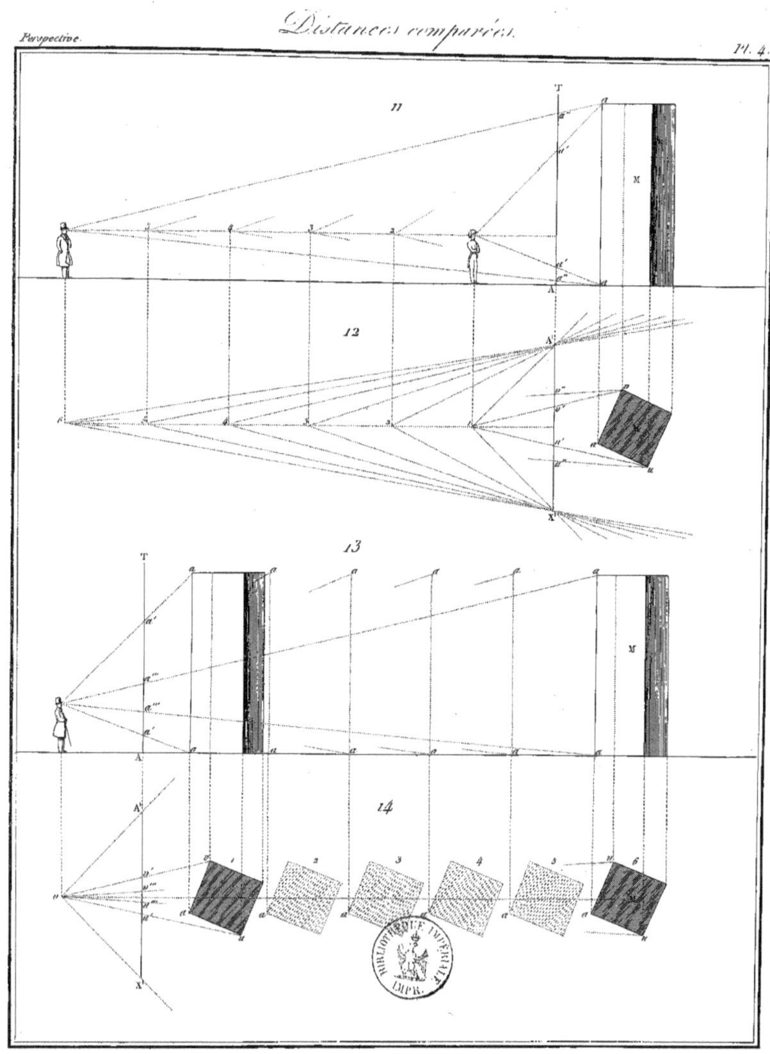

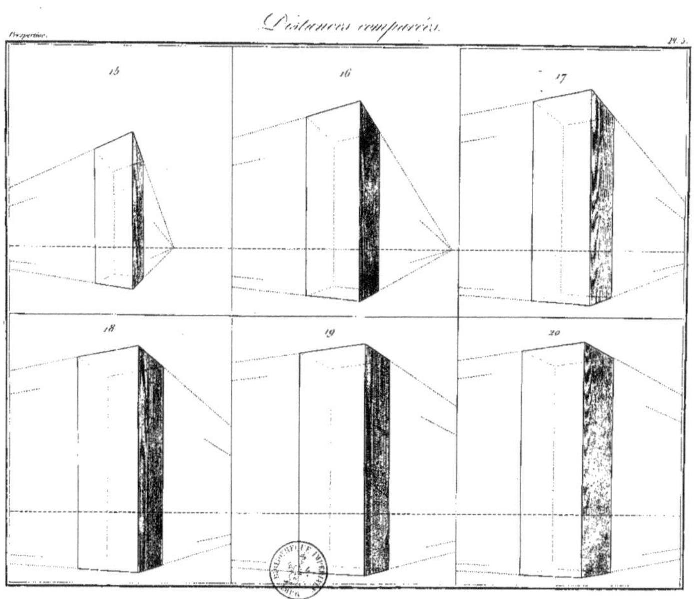
Perspective.
Distances comparées.
Pl. 3.
15
16
17
18
19
20

Distances comparées.

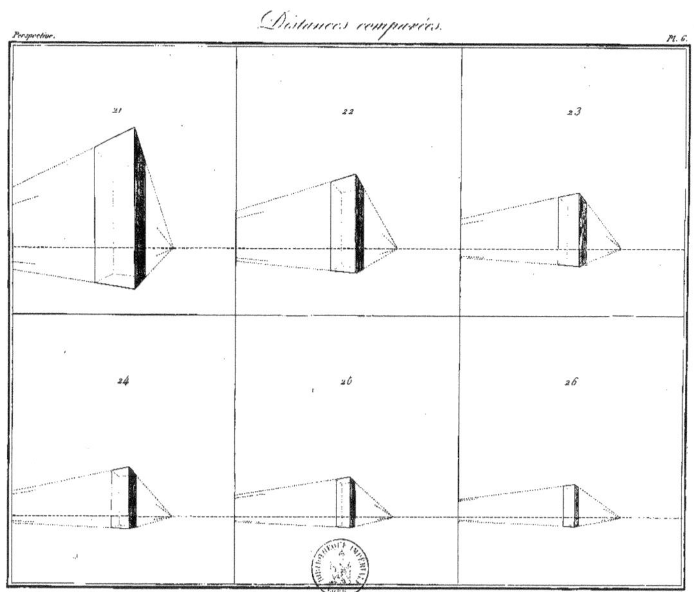

Distances comparées.

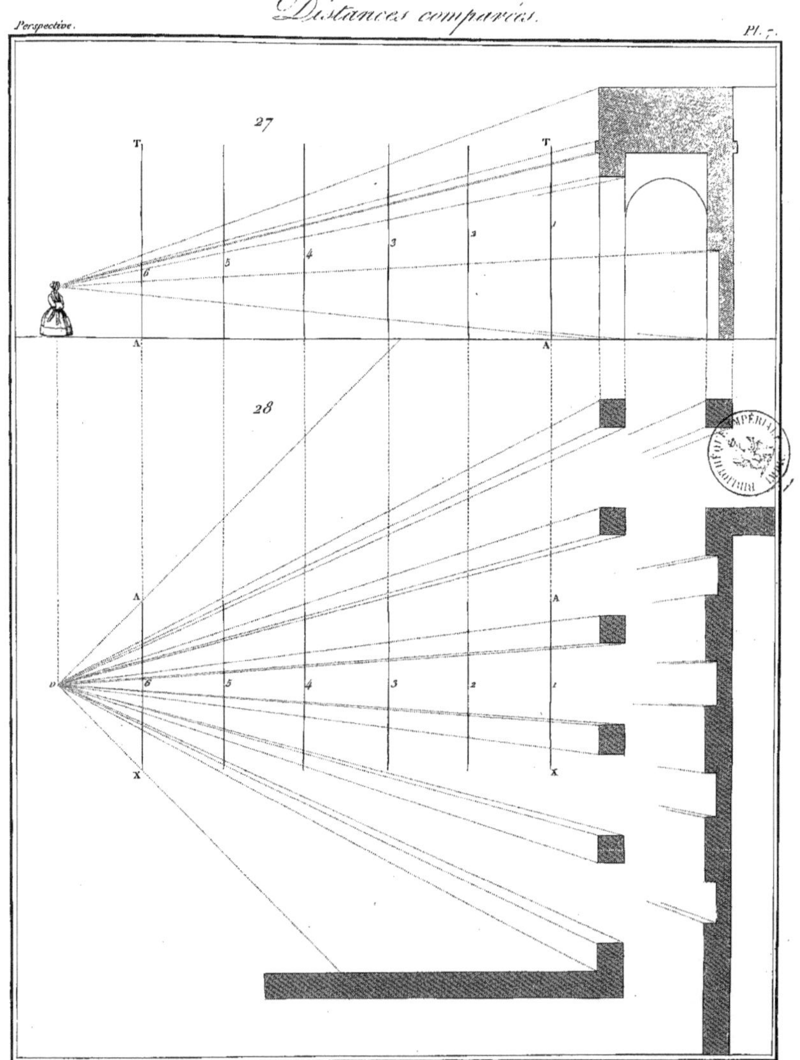

Distances comparées.

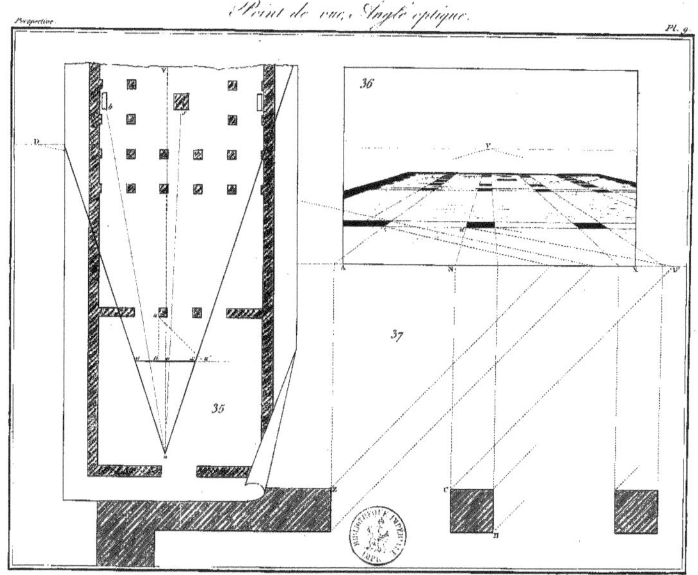
35
36
37
V
D
A
N
C
B

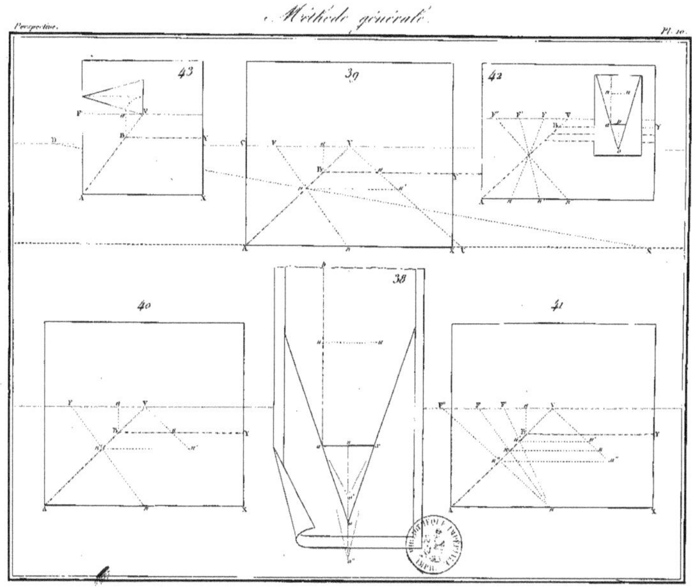

Lignes droites. Polygône.

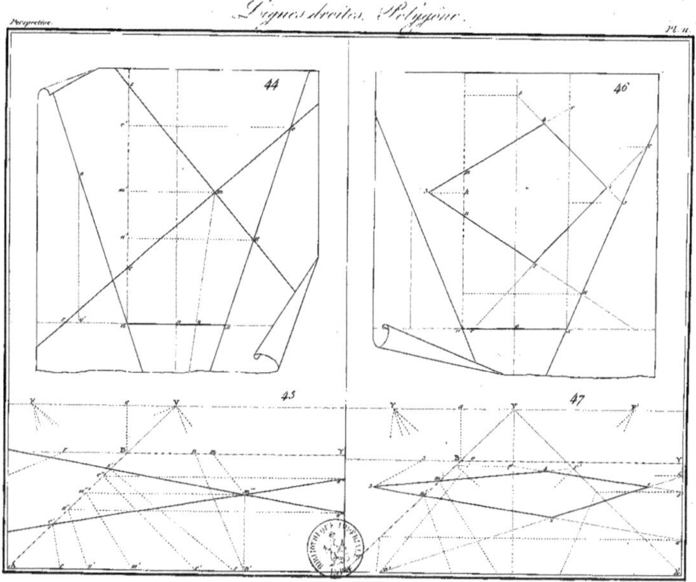

Ligne à 45° — carré

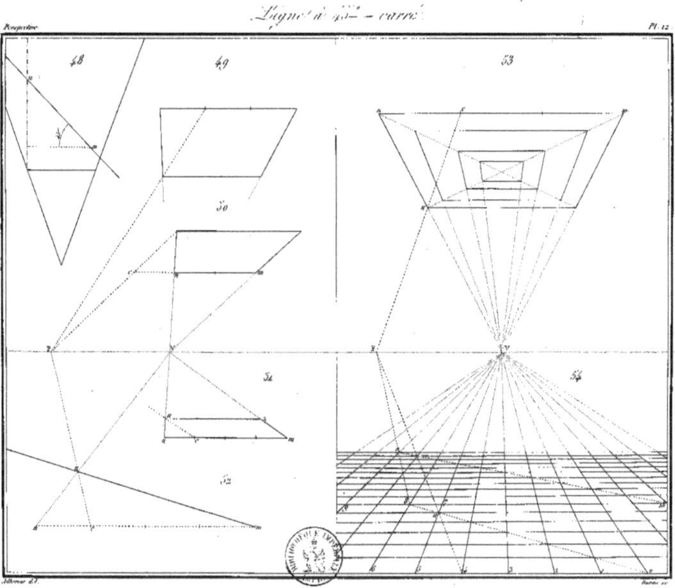

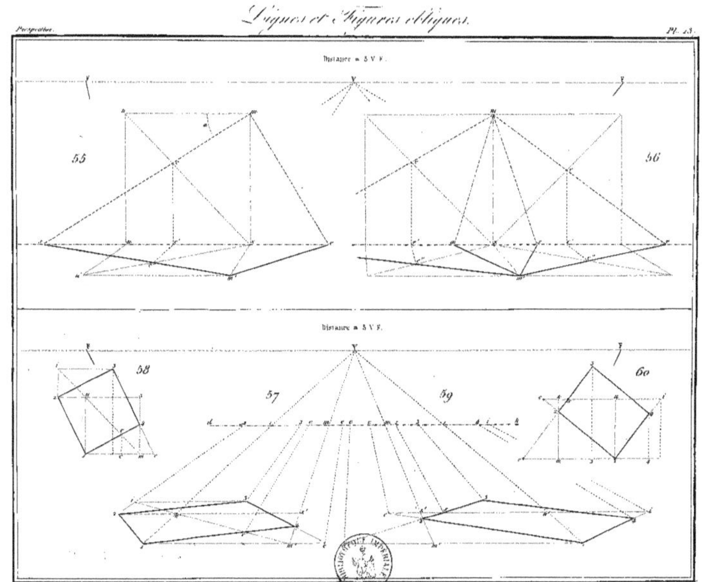
Distance = 3 V F.
55
56
Distance = 3 V F.
58
57
59
60

Polygônes réguliers.

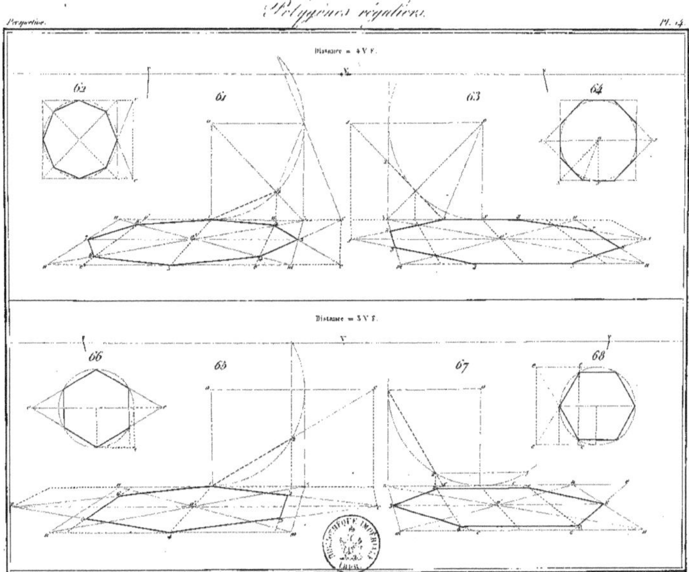

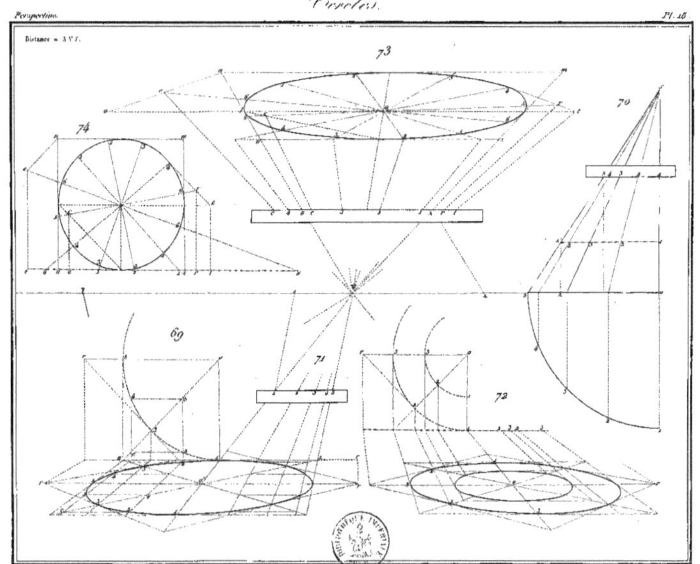
Distance = 3 V T.
73
74
70
69
71
72

Lignes courbes.

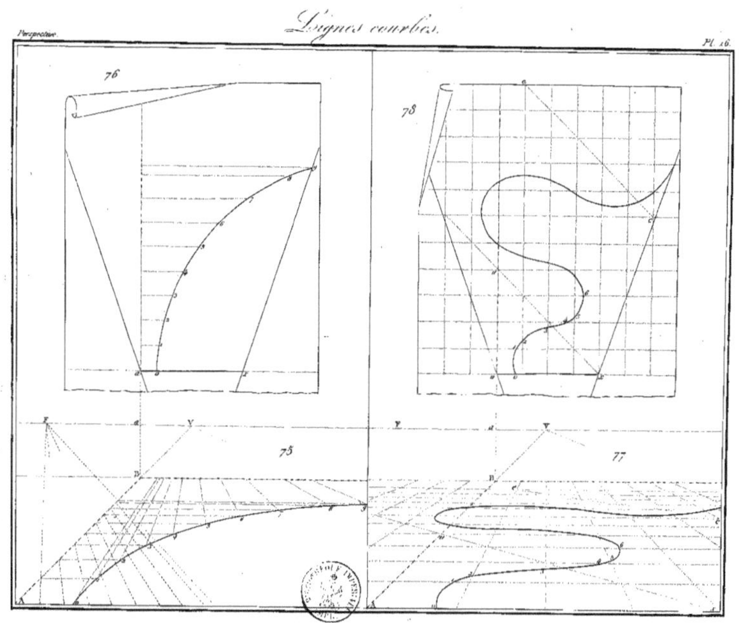

Division des lignes.

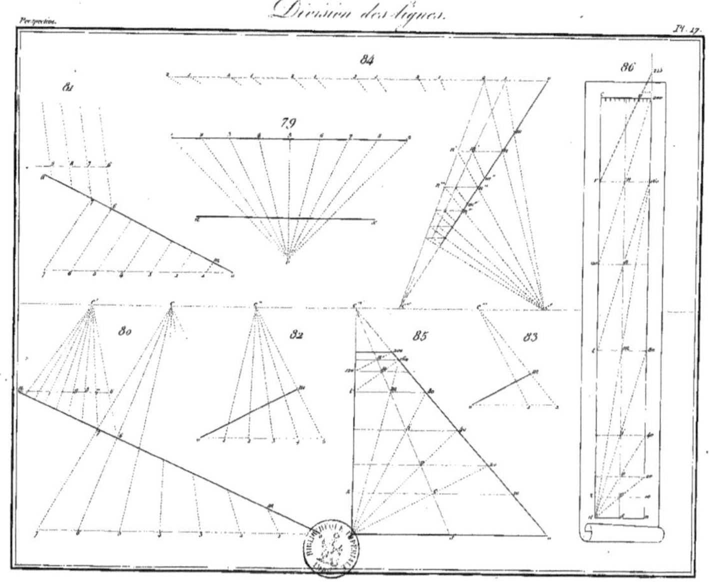

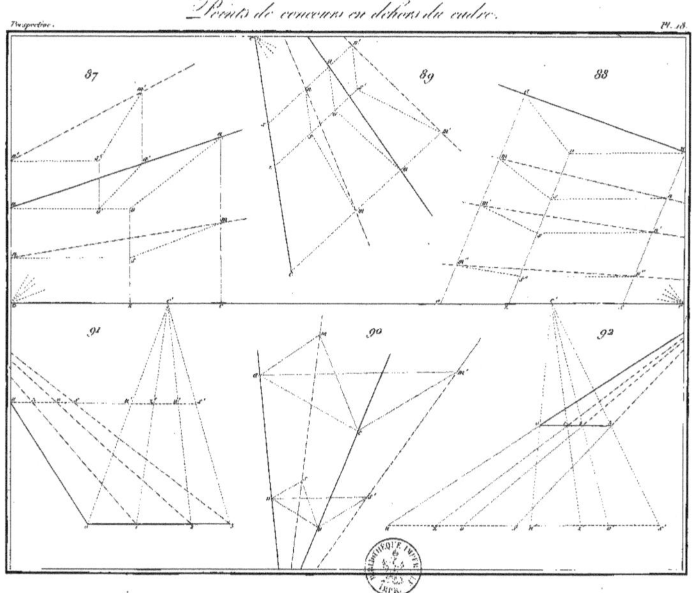
87
89
88
91
90
92

Pavés divers.

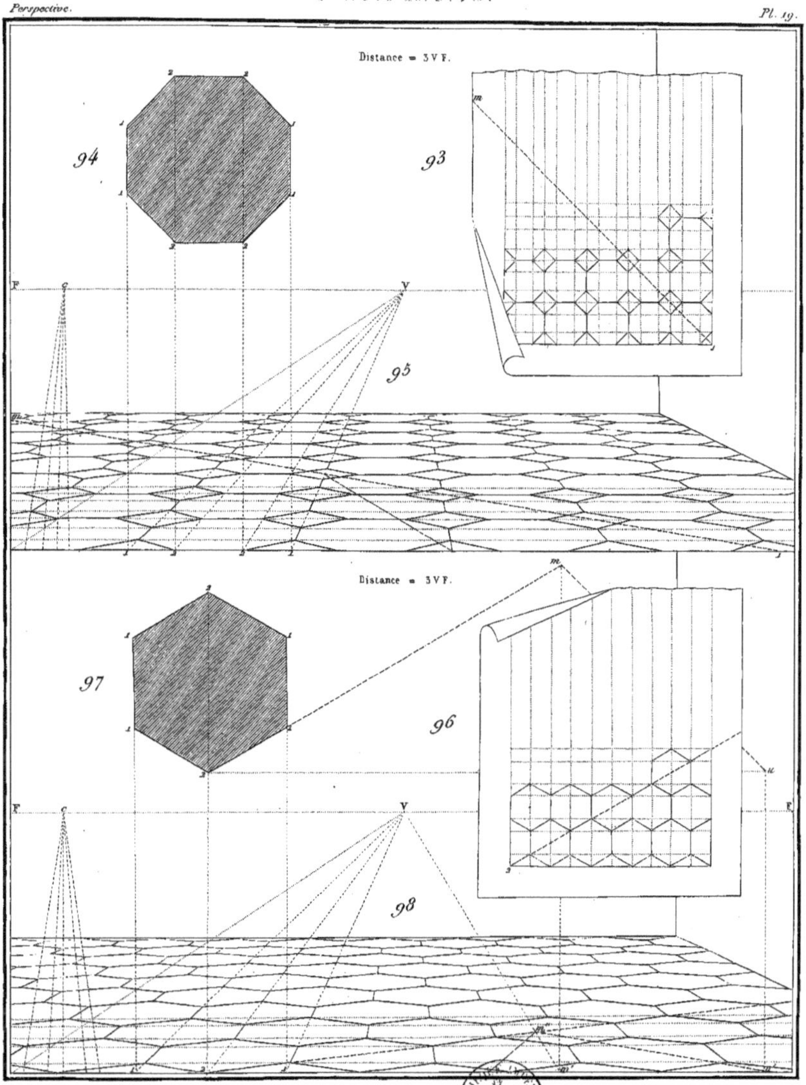

Distance = 3 V F.

94

93

95

Distance = 3 V F.

97

96

98

99

F a V

100

B

c e u o c n m

Étude de Plan.

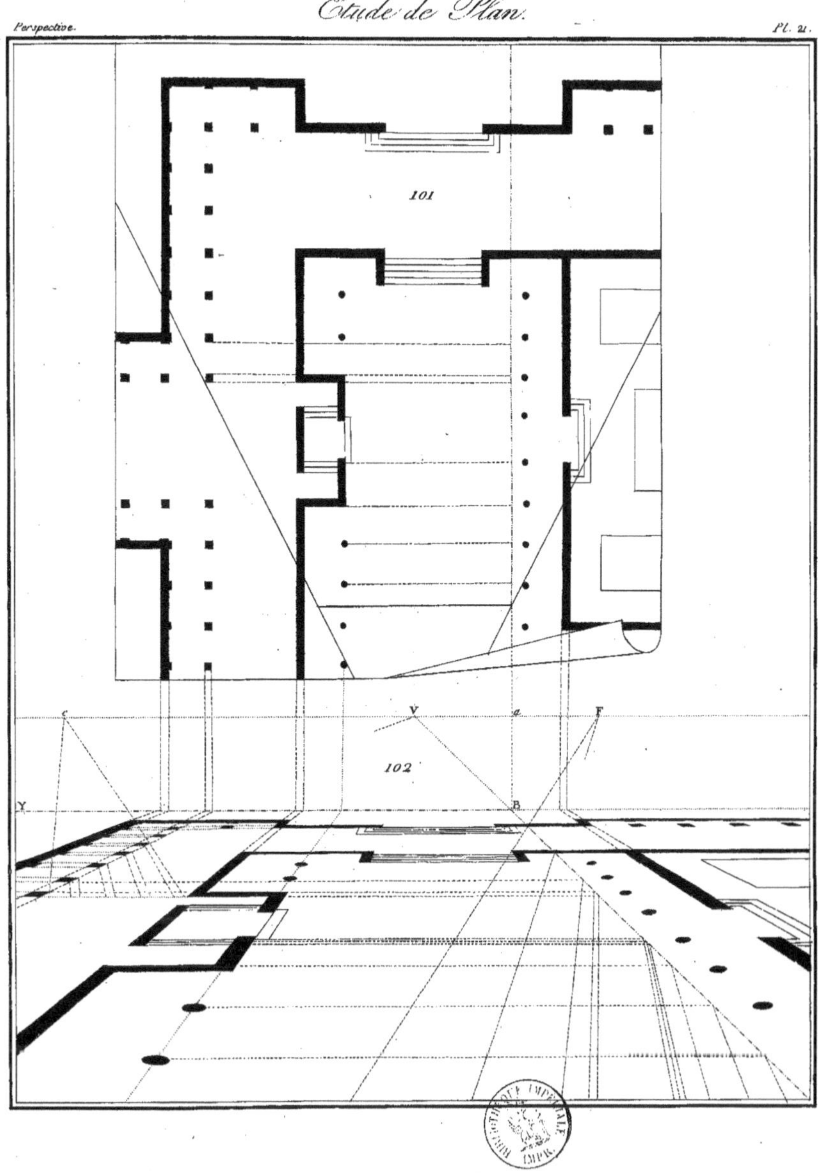

Étude de Plan.

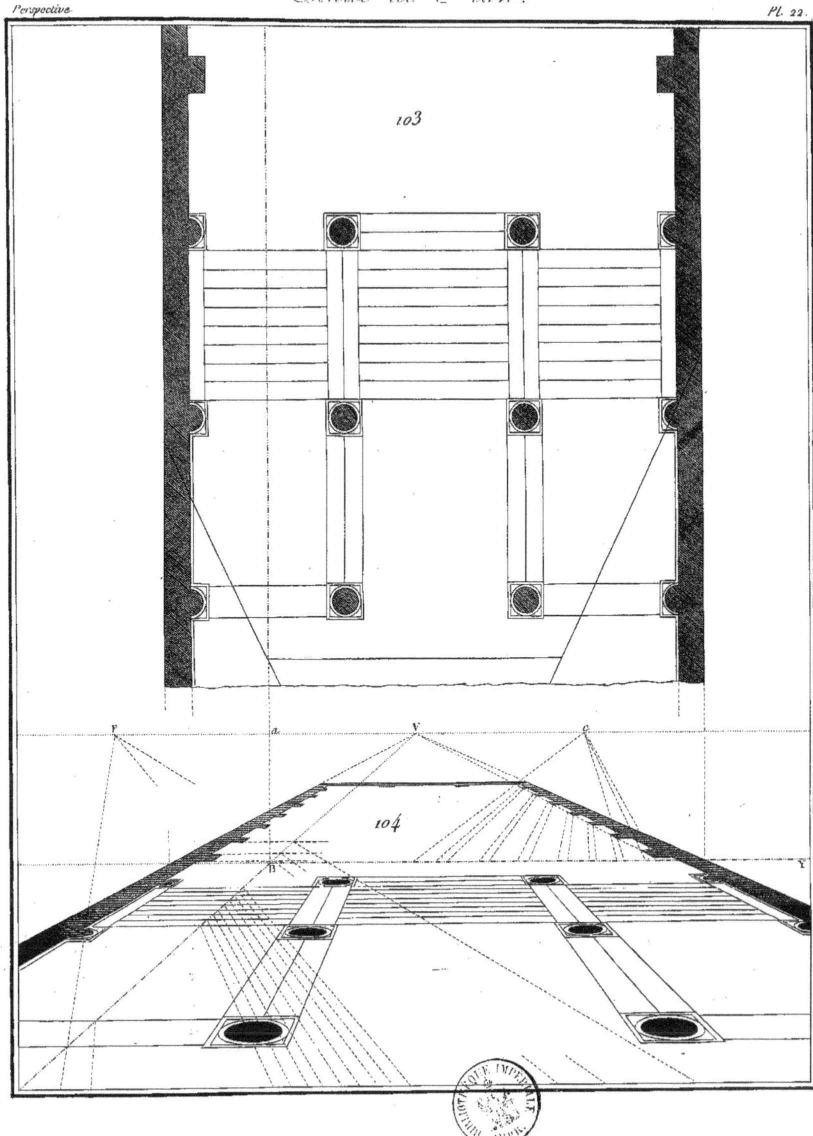

Étude de Plan.

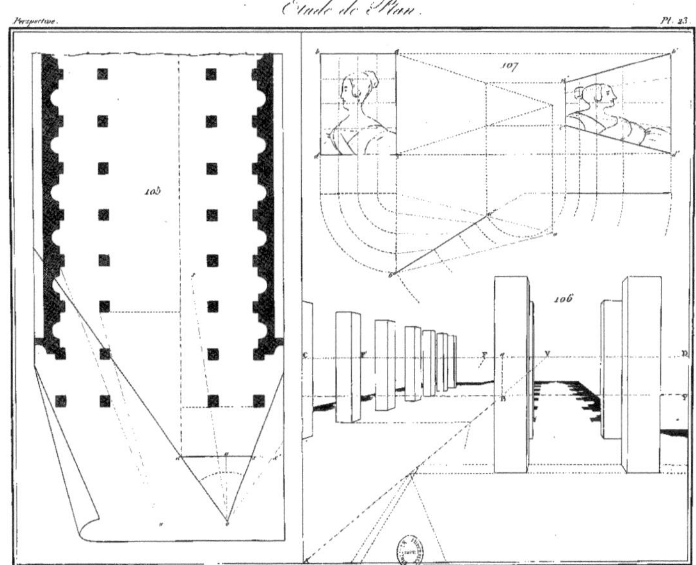

Etude de Plan.

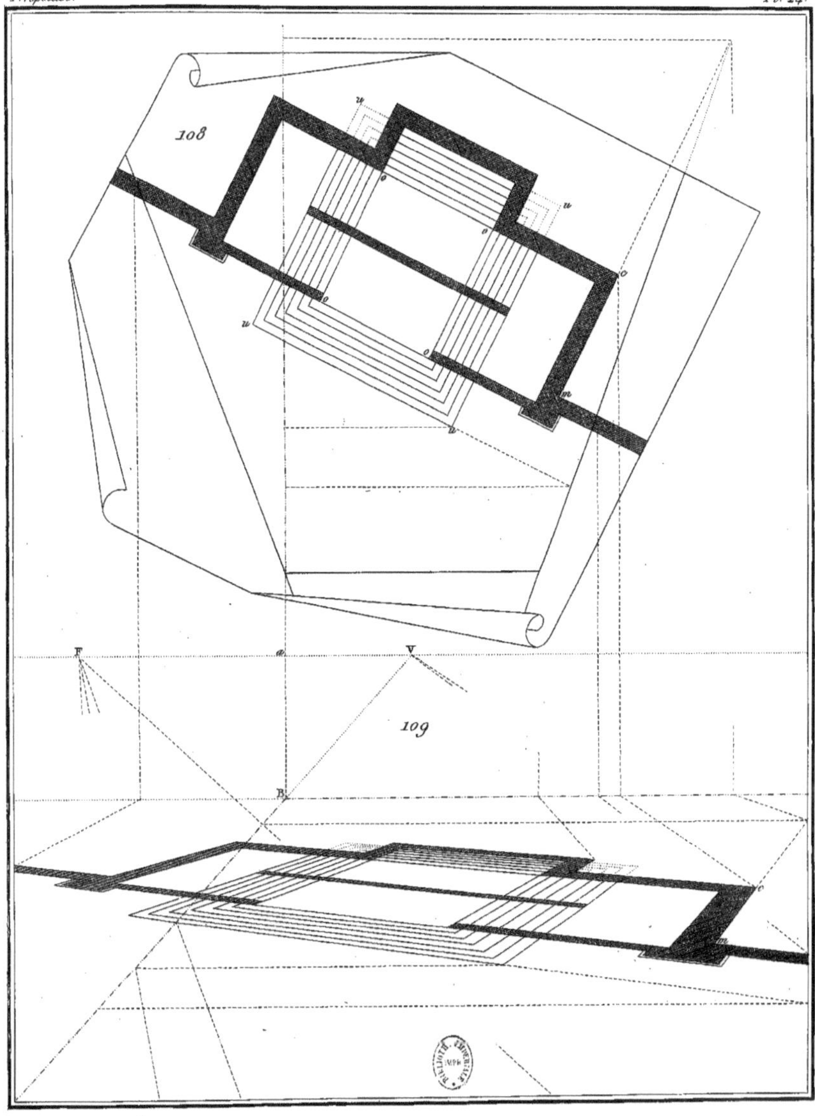

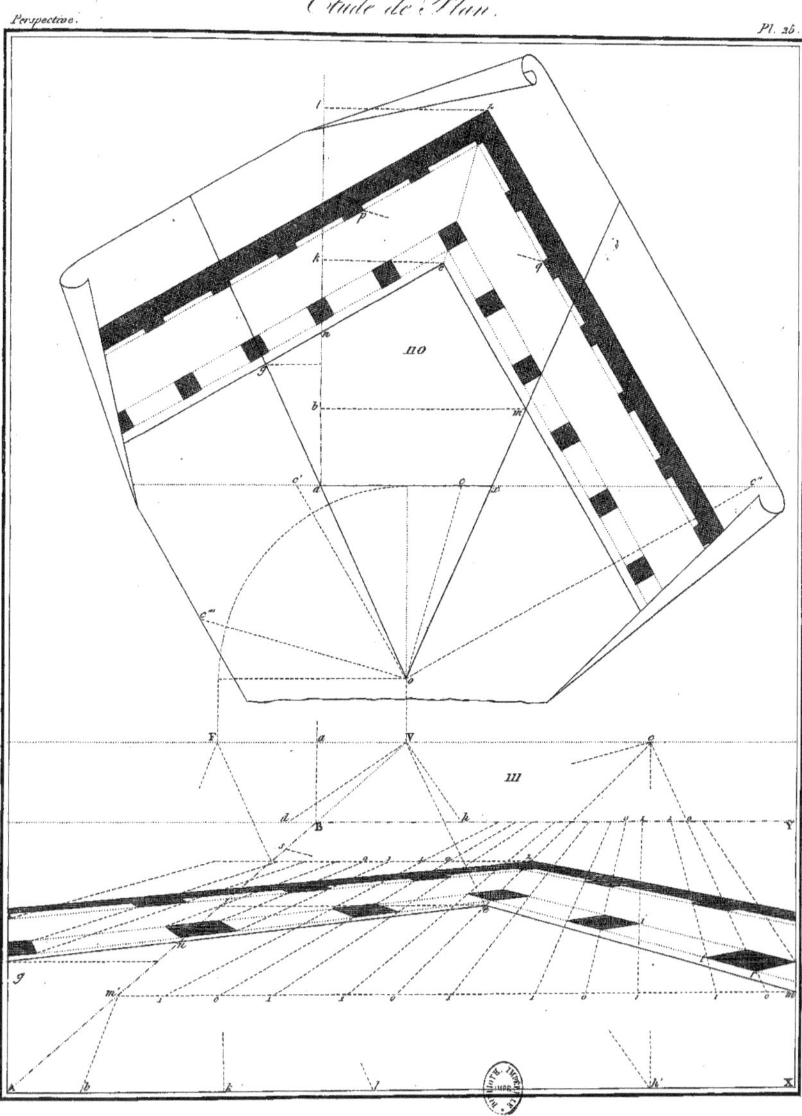
110
111

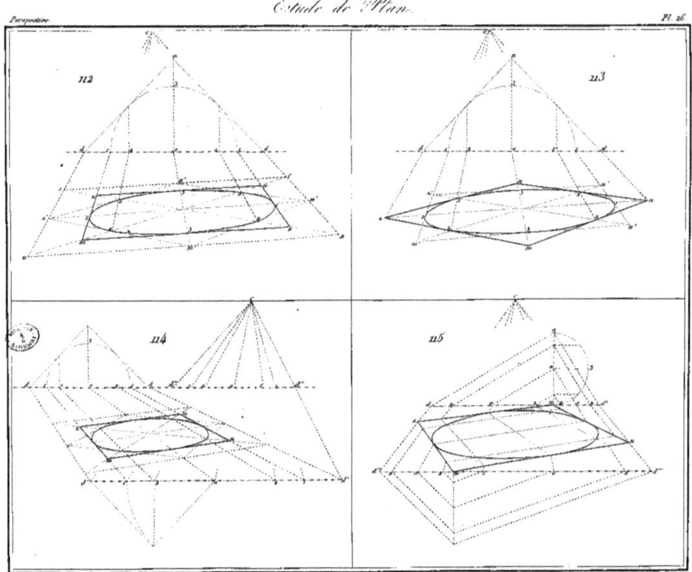
112
113
114
115

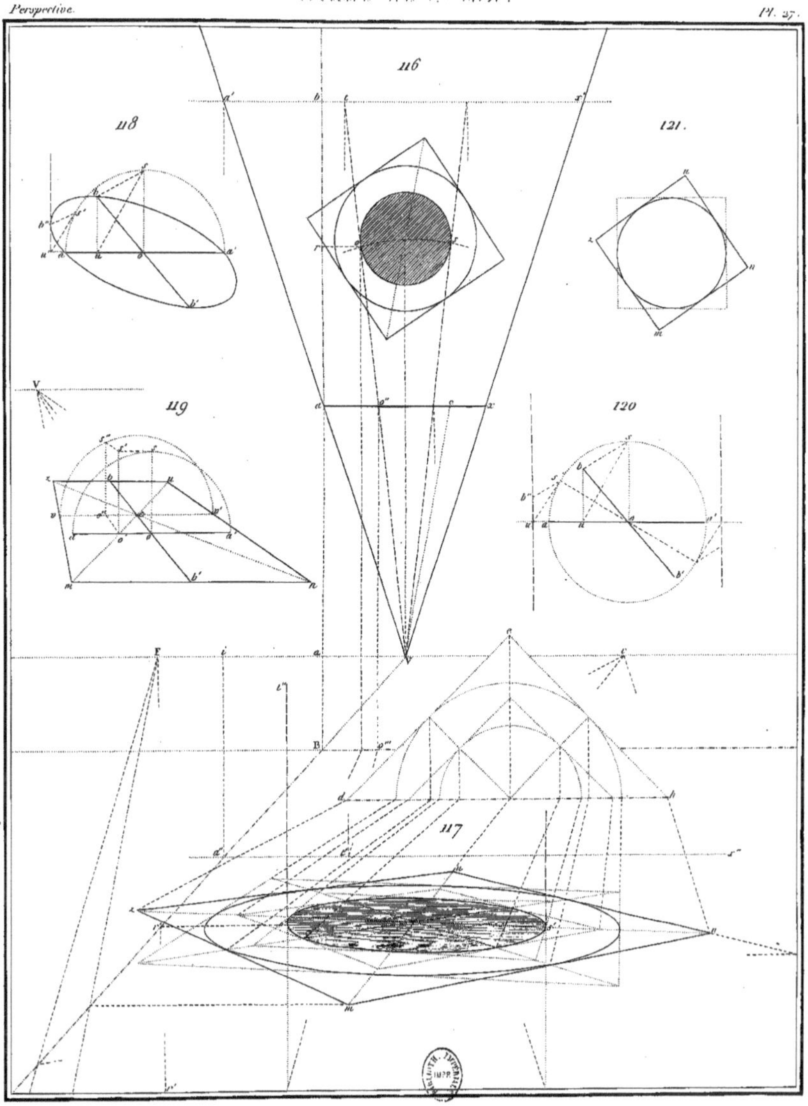

Etude de Plan.

116

118

121.

119

120

117

Etude de Plan.

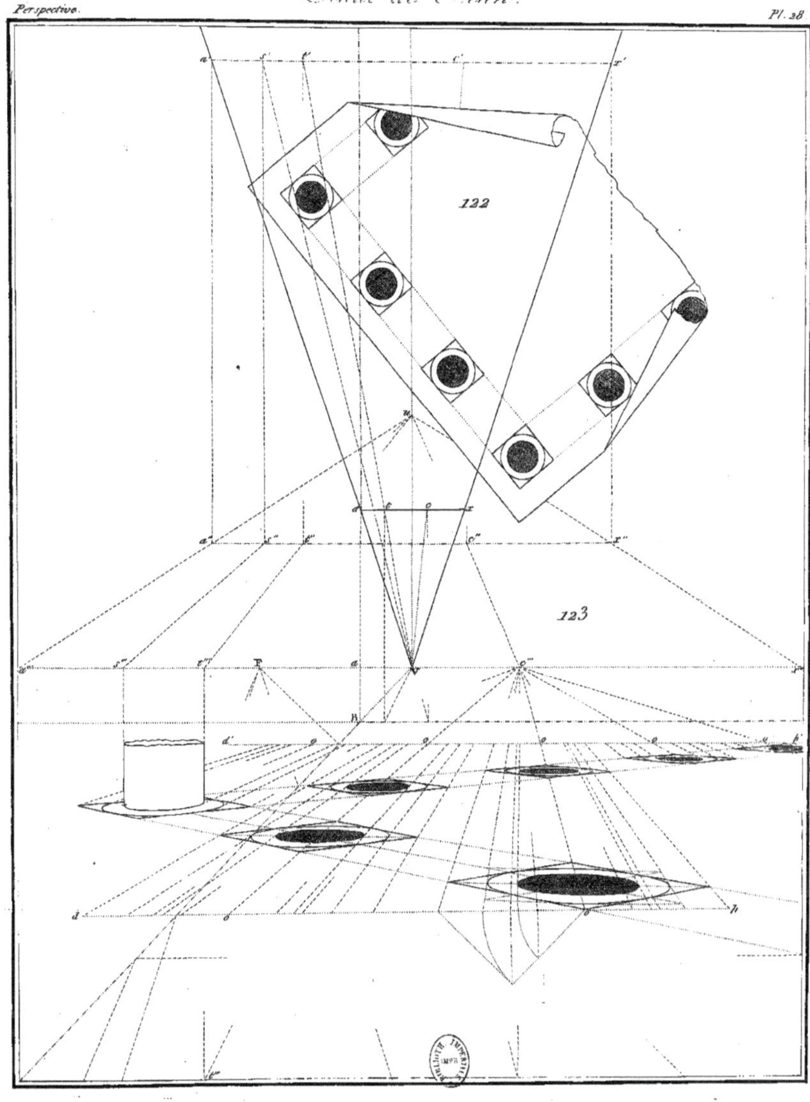

Etude de Plan.

124

125

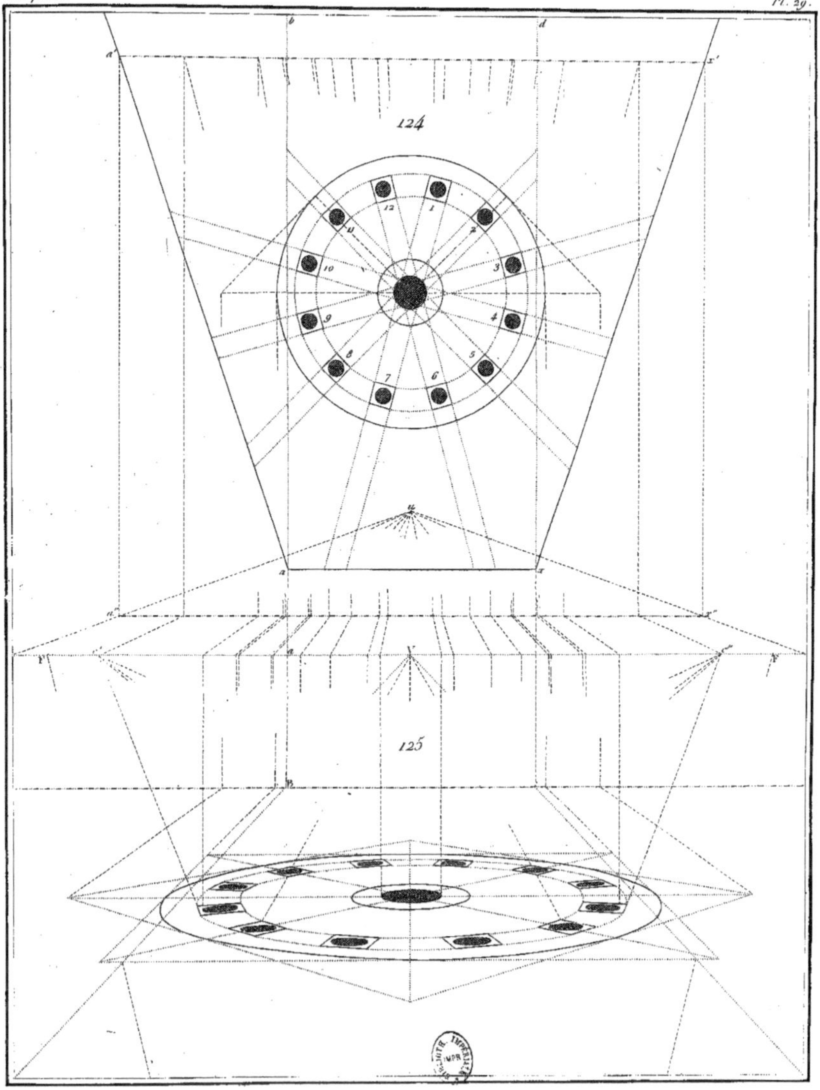

Étude de Plan.

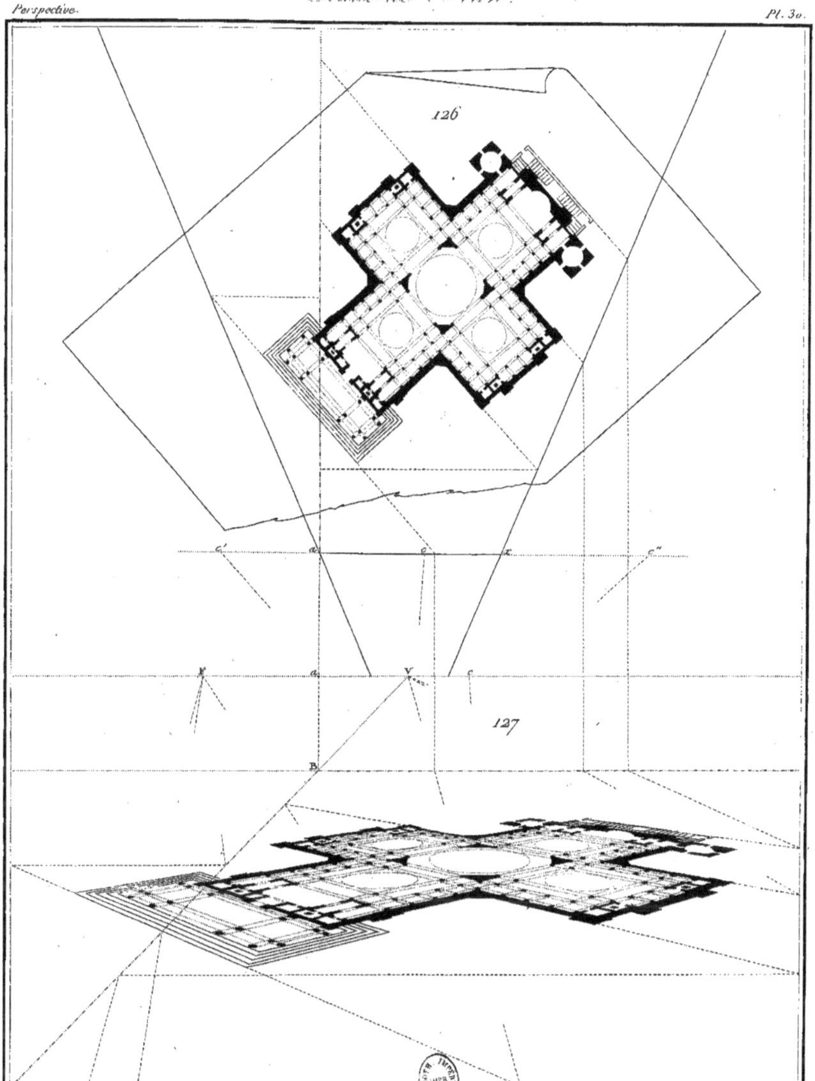

126

c' a c x c''

F a V c

127

B

Étude de Plan.

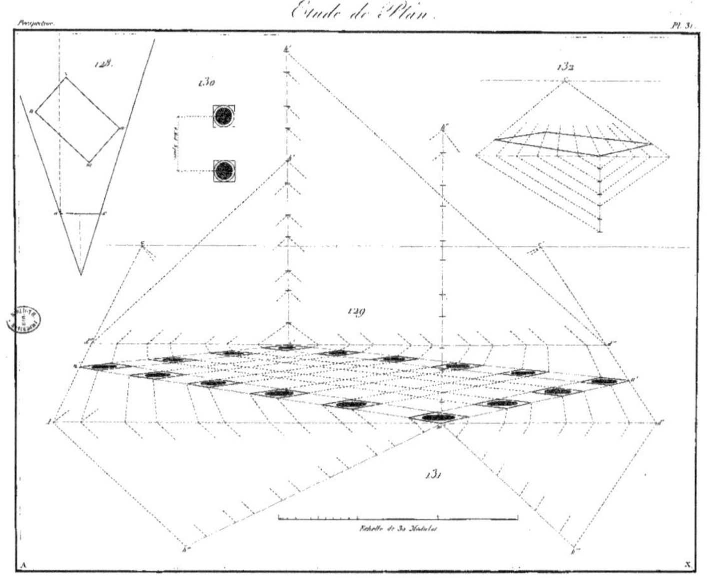

Hauteurs.

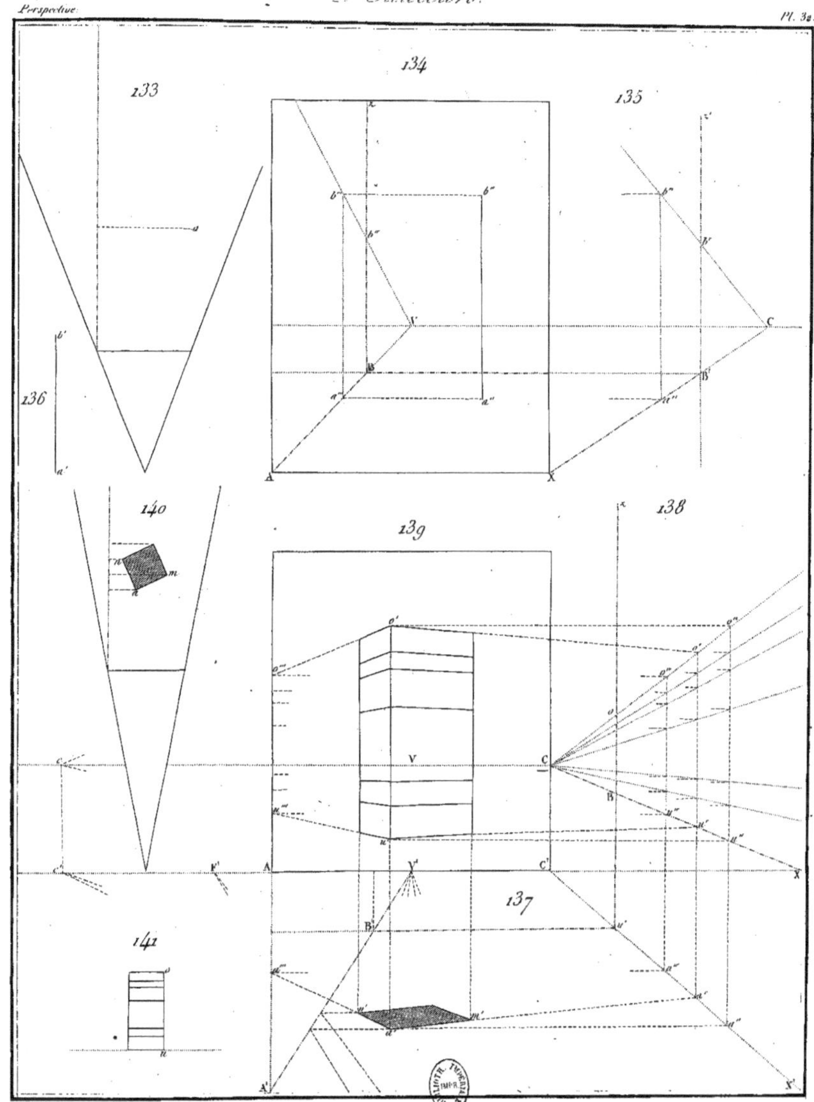

Personnages.

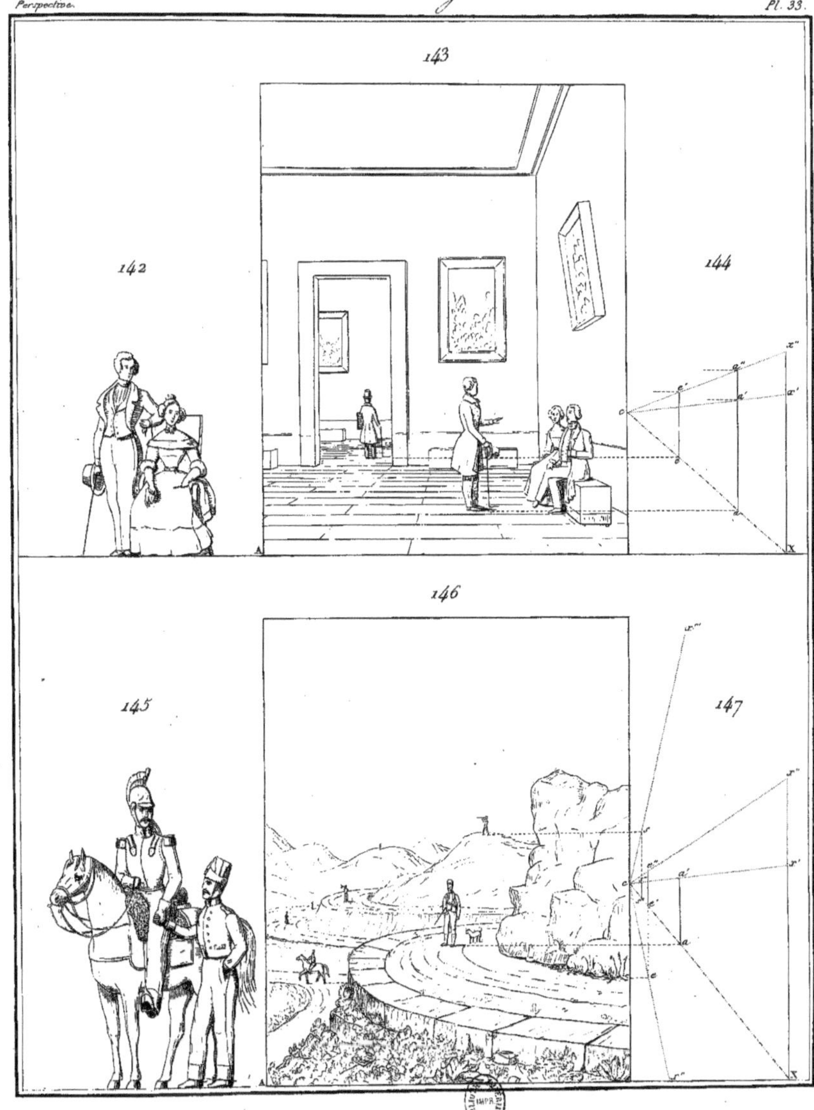

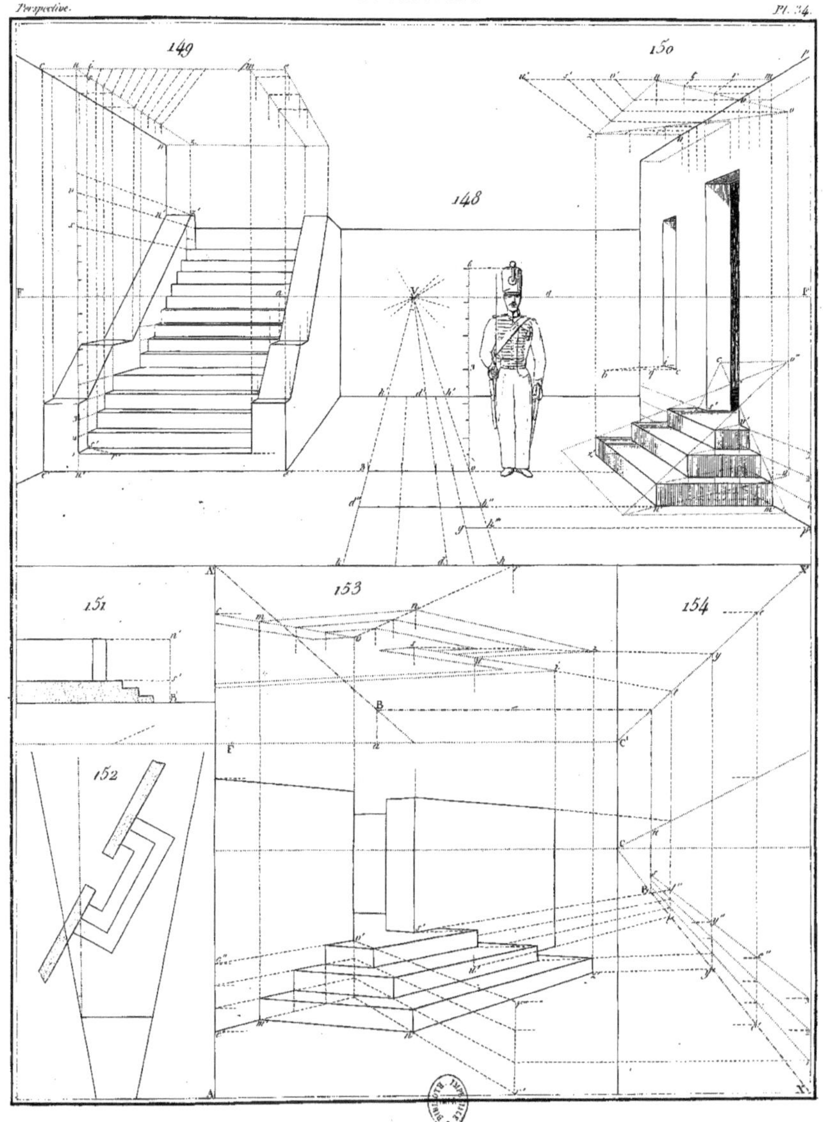
149
150
148
151
152
153
154

Escalier.

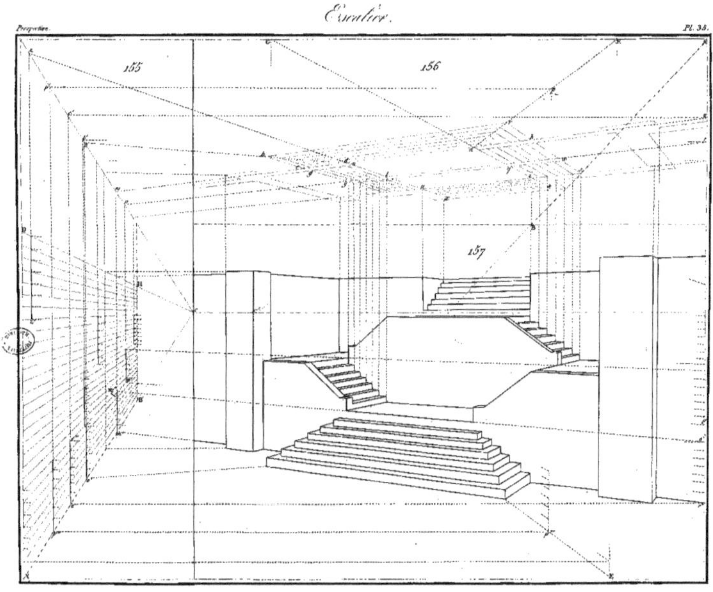

Escalier.

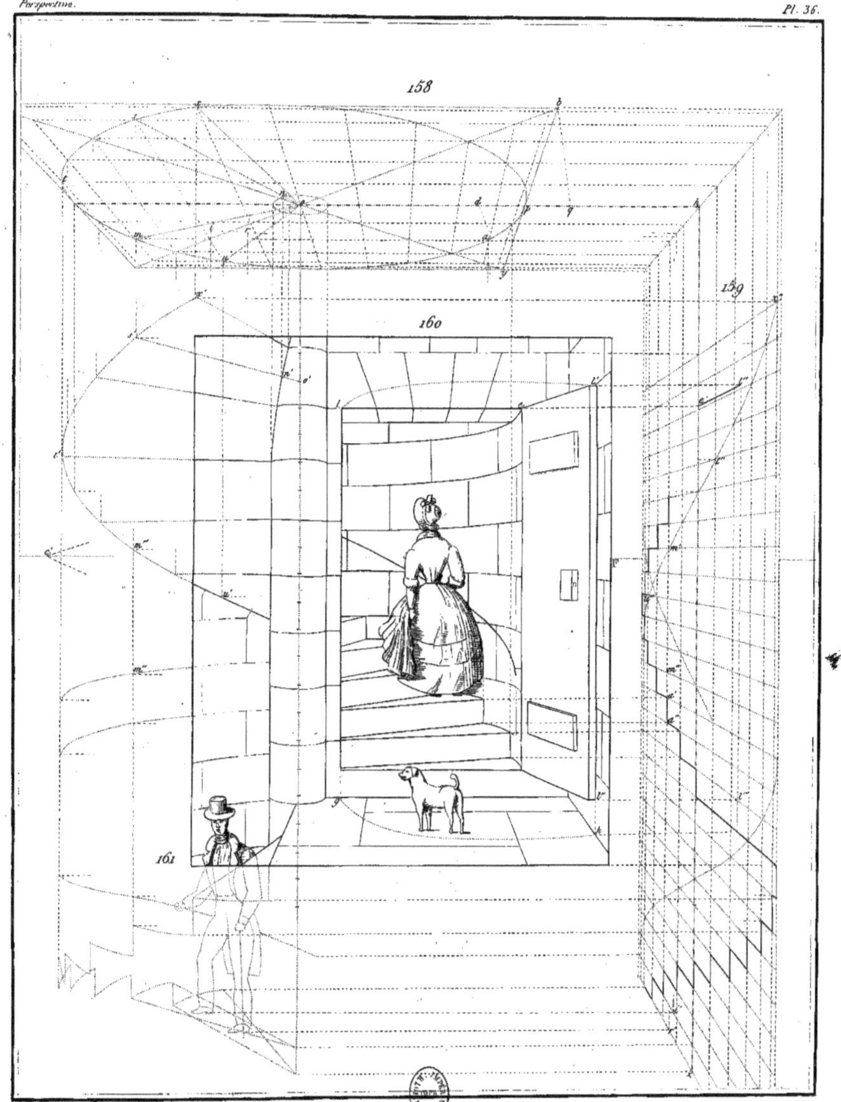

Berceau, Arcades.

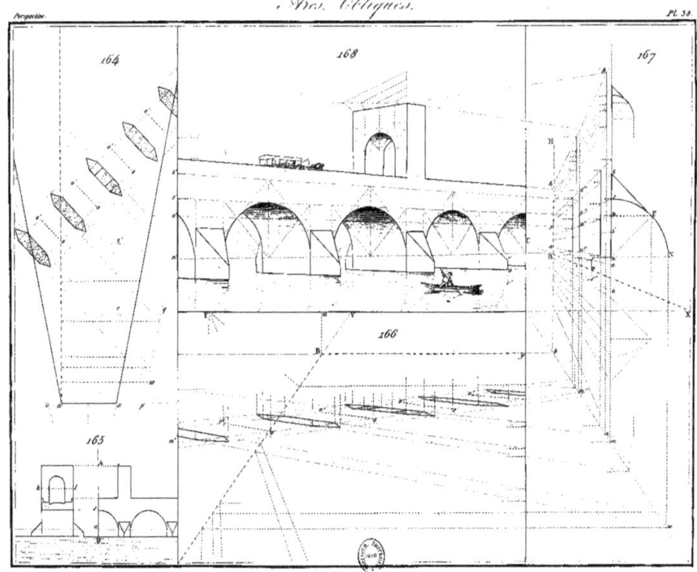
164
168
167
165
166

Voûtes d'arête.

Voûte d'arête oblique.

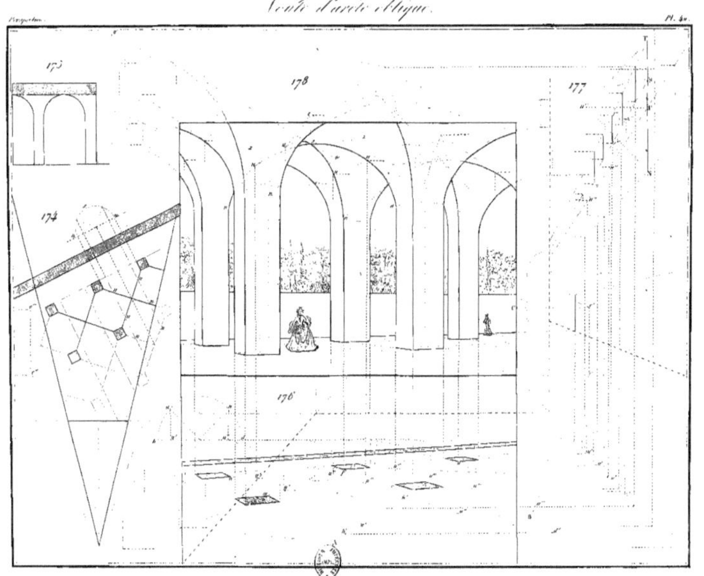

Voûte d'arête en tour ronde.

Voûtes sphériques.

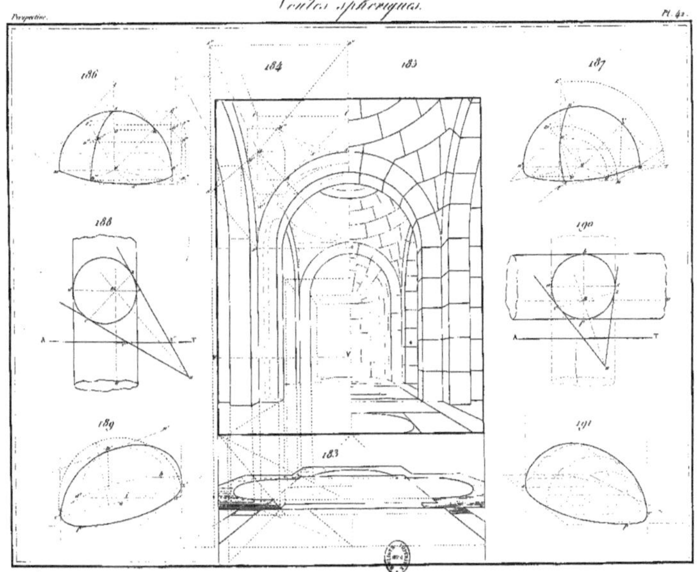

Moulures.

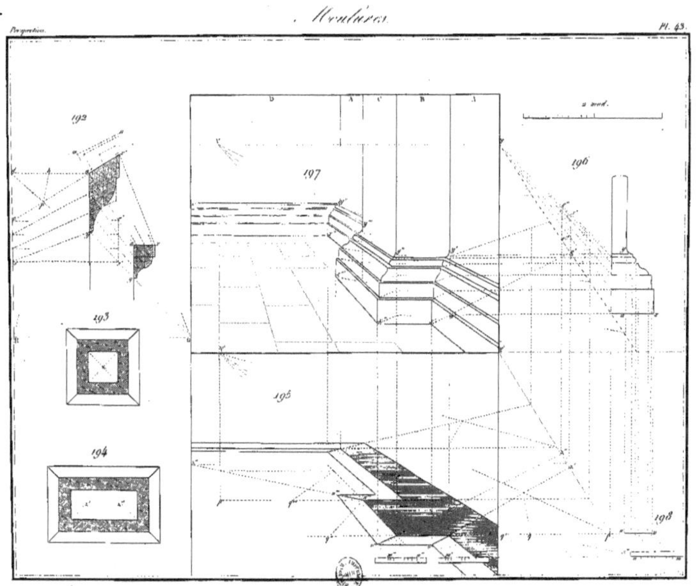

Entablement corinthien.

Perspective. Pl. 42.

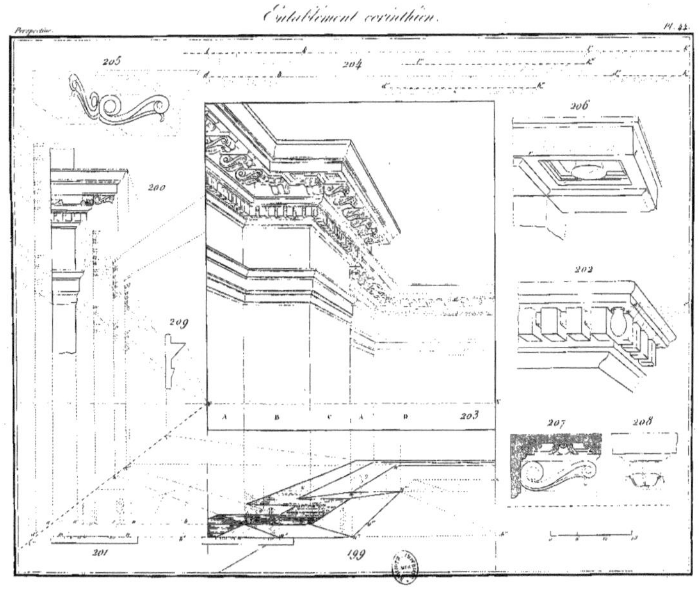

Entablement oblique.

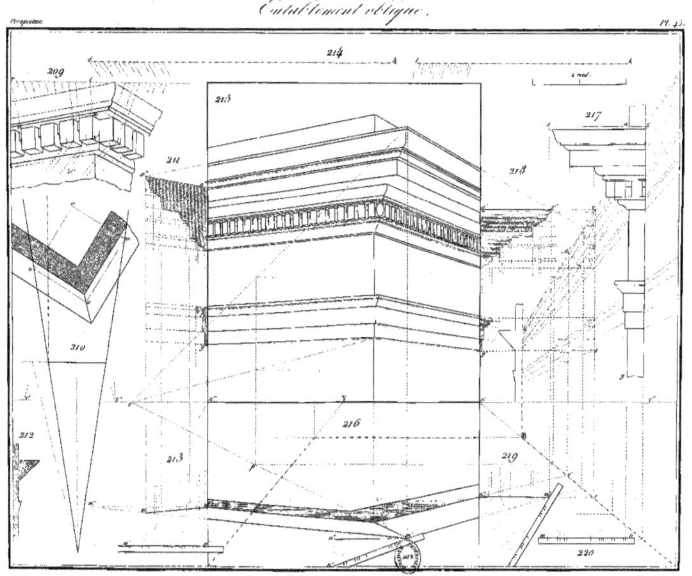

Frontons.

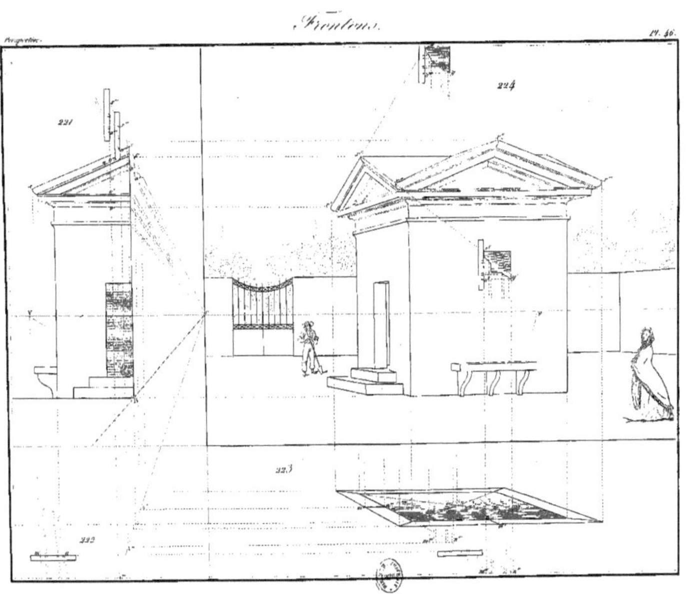

Fronton oblique.

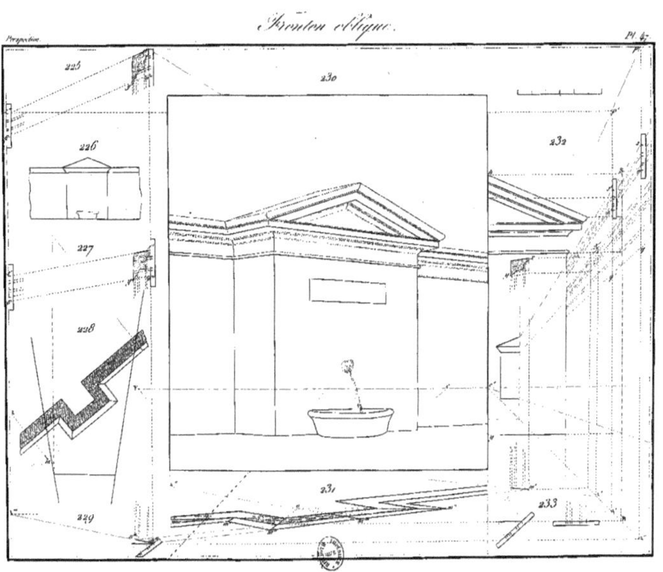

Moulures circulaires

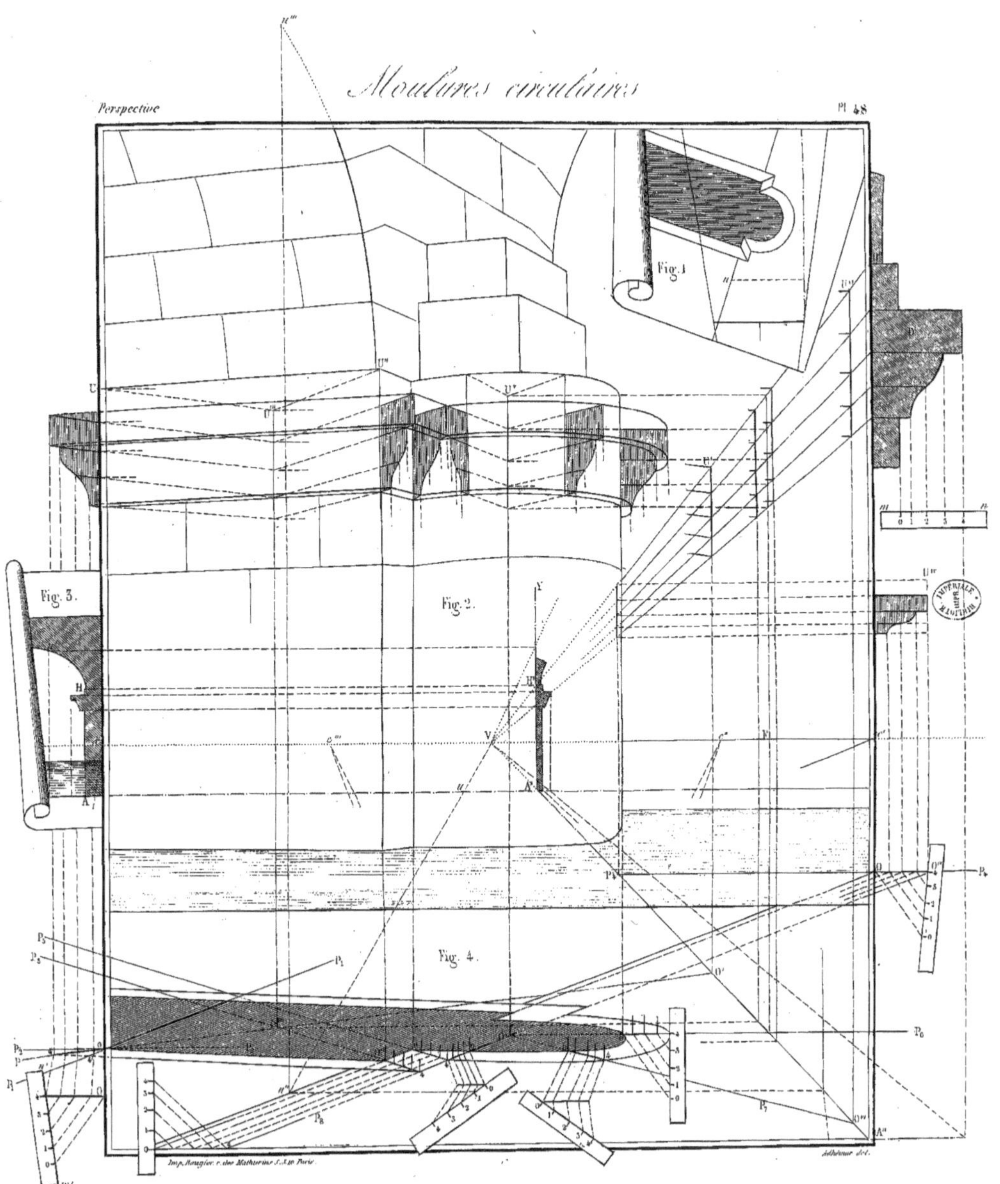

Imp. Bougier r. des Mathurins S. J. 10 Paris.

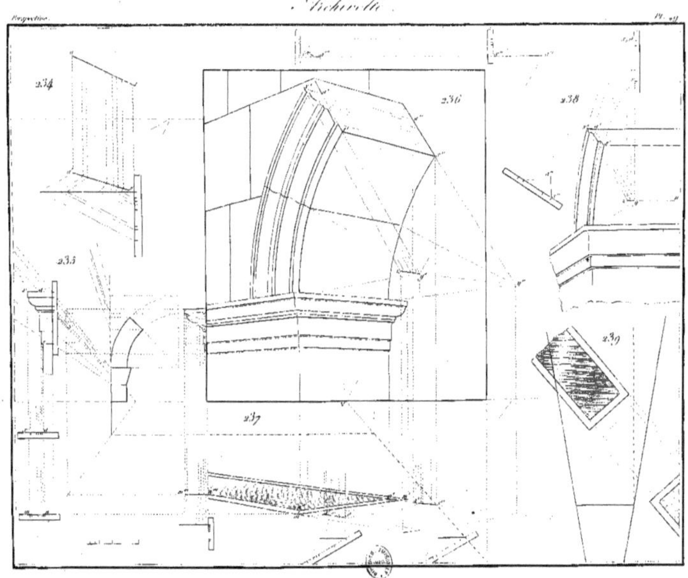
234
235
236
237
238
239

Caissons.

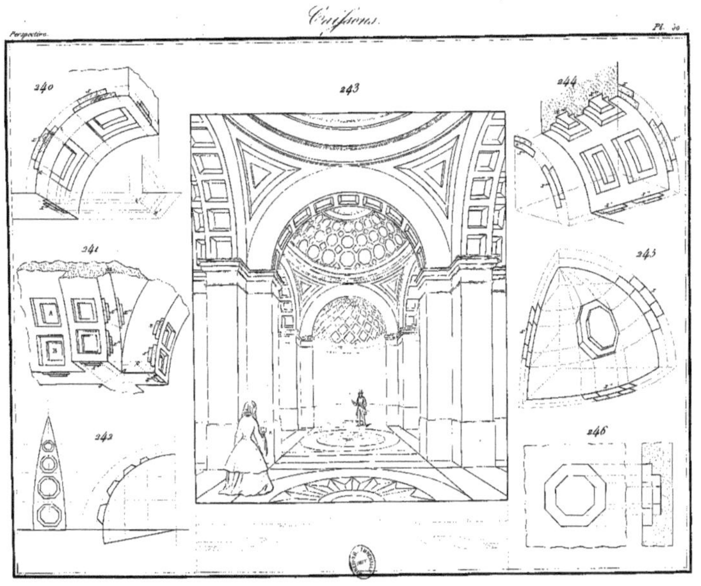

Surfaces de révolutions.

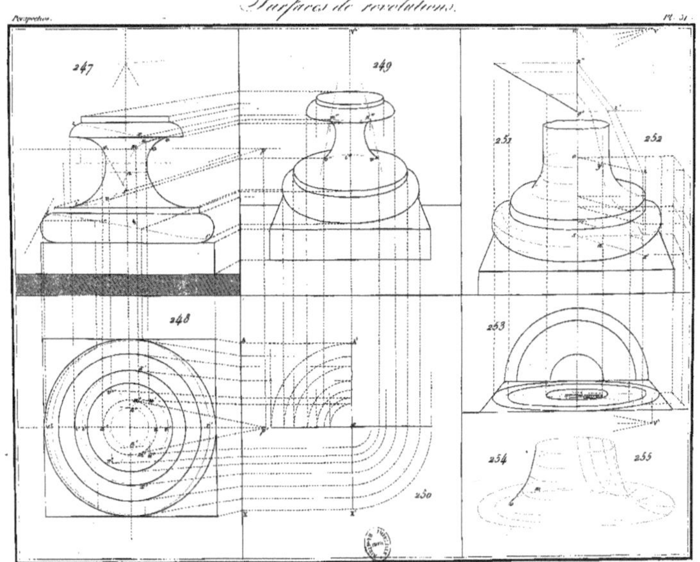

Ballustres.

Perspective

Pl. 52

Imp. Bougier, r. des Mathurins S. Jacques, 16, Paris.

Guiguet et Lallié sculp.

Étude de vase Pl. 53

Adhémar del. — Imp. Bougier, r. des Mathurins S. J. 10 Paris — Guiguet et Lallié sc.

Bases et Chapiteaux.

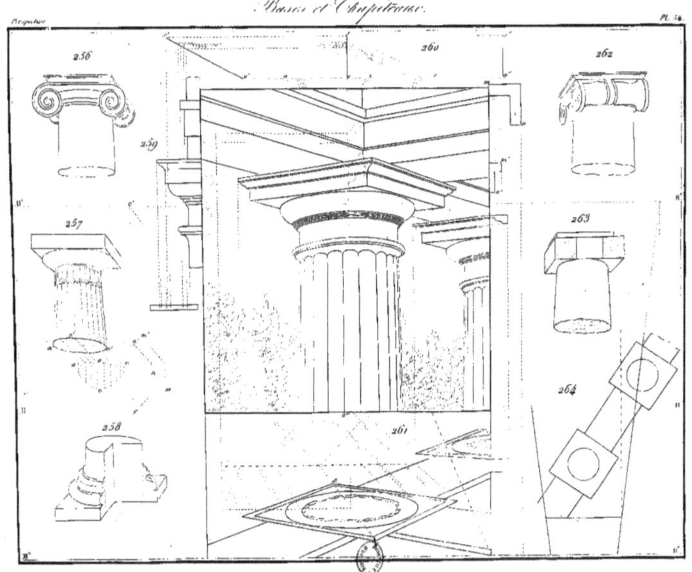

Chapiteau corinthien.

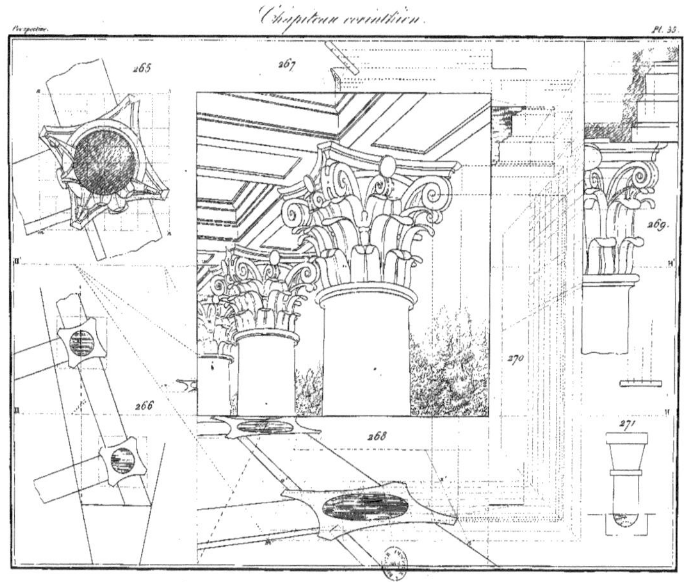

Colonnade.

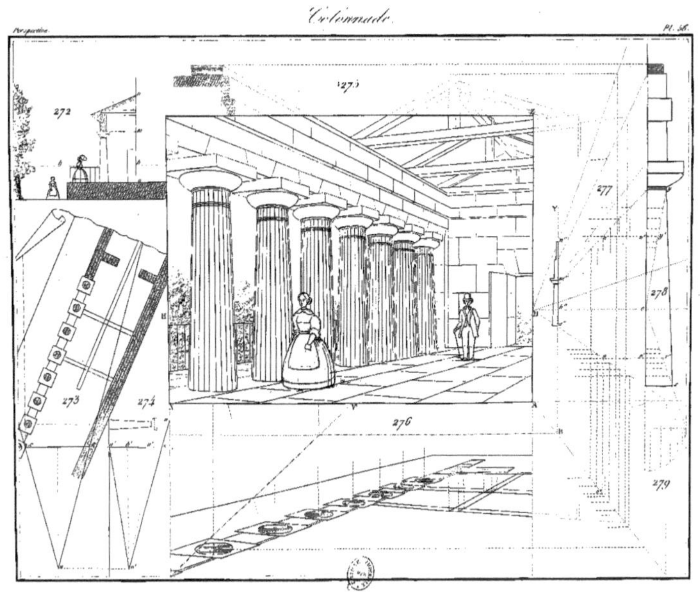

Ombres.

286

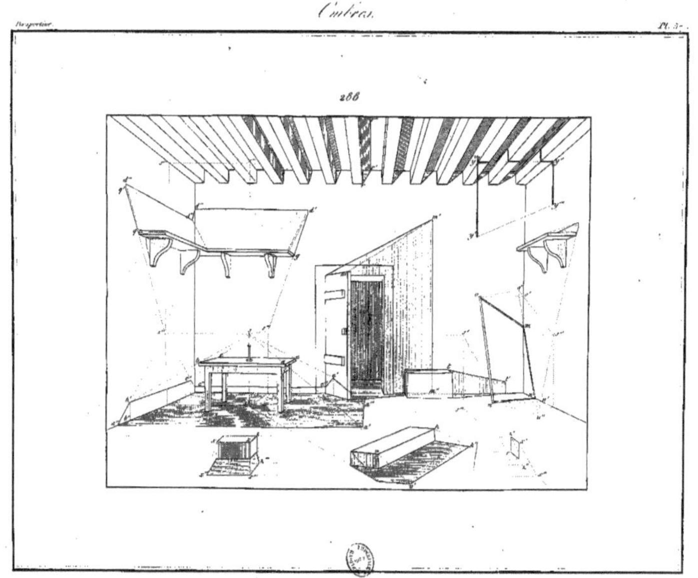

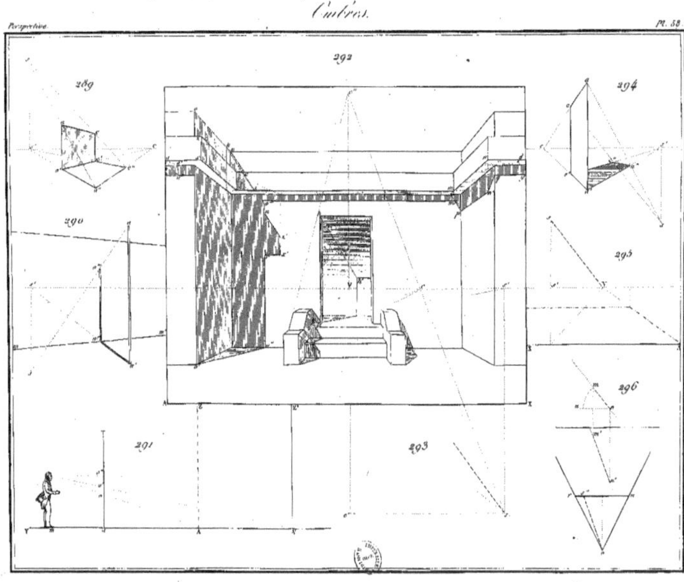
292
289
294
290
295
296
291
293

297

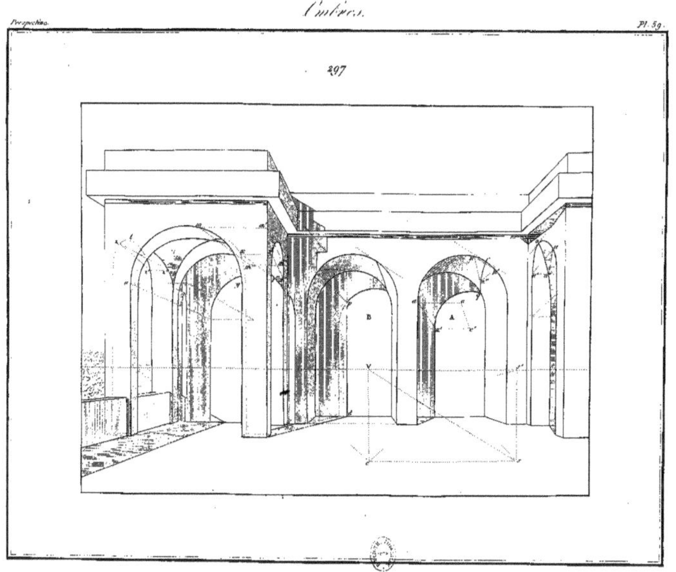

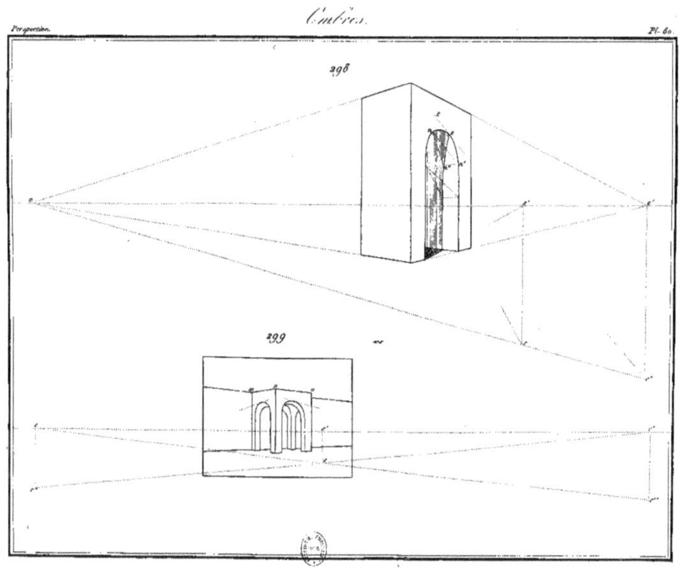
298
299

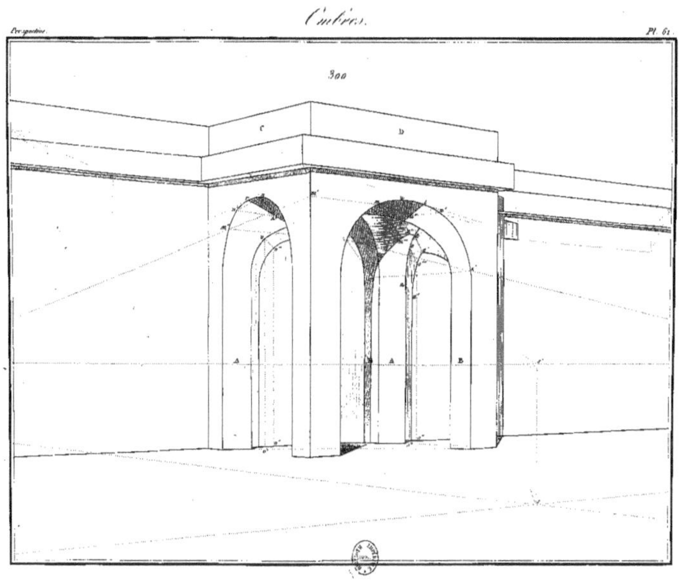
300
C
D
A
A
B

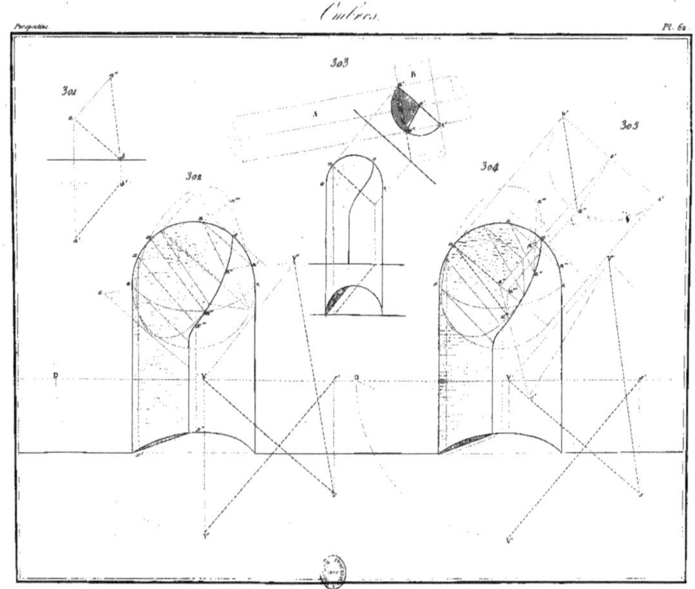
301
302
303
304
305
A
B
D
V

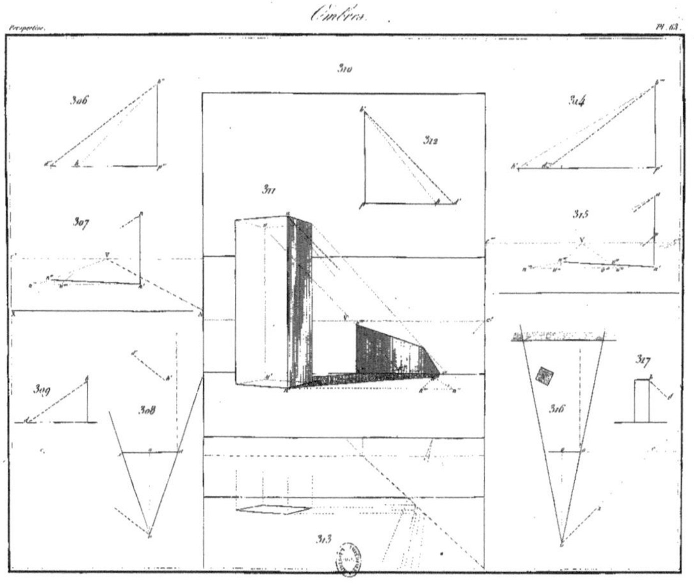
310
306
314
312
311
307
315
317
309
308
316
313

Angle Optique

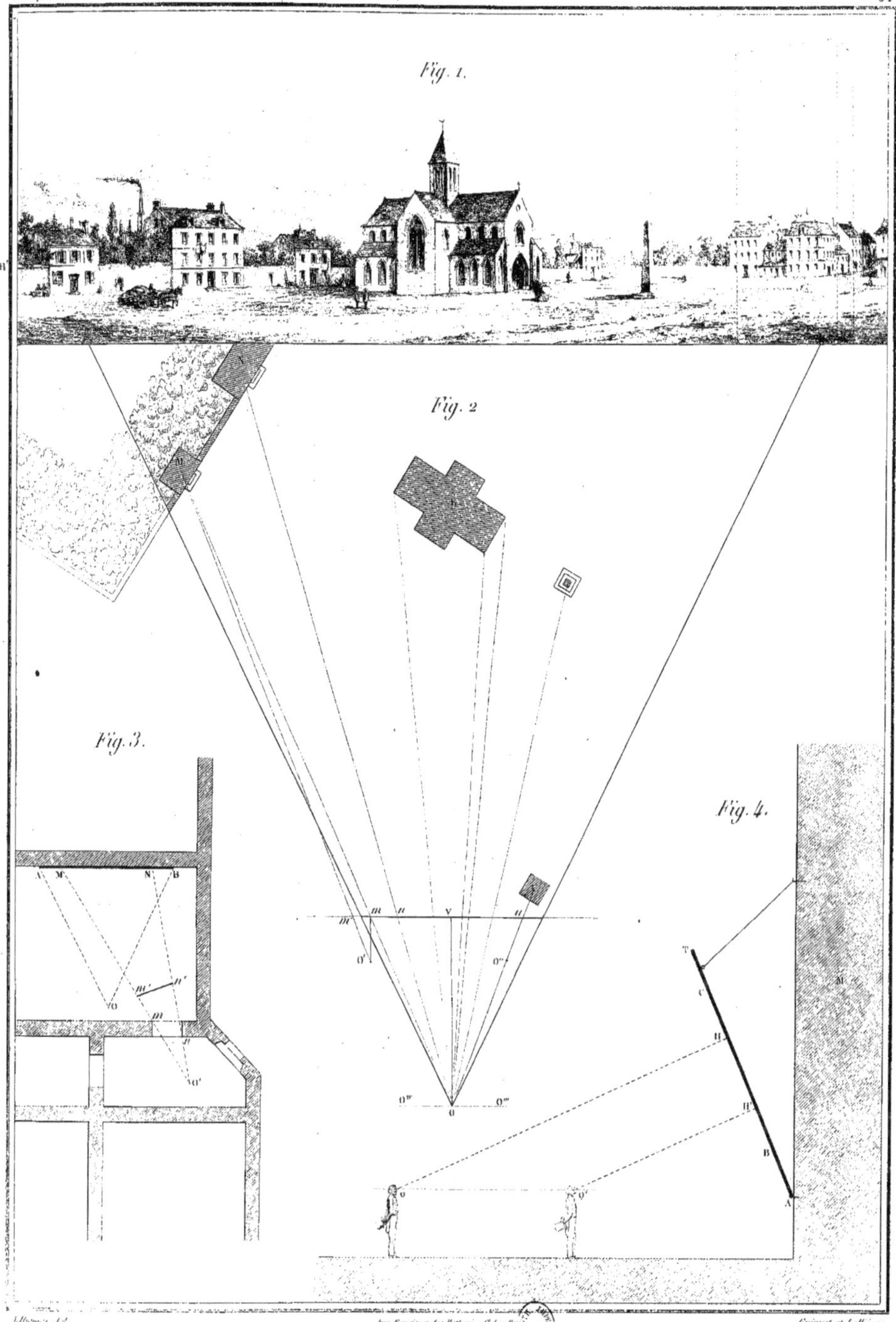

Guiguet et Lallié sc.

Perspective

Illusions d'optique

Pl. 63

Adhémar del. Imp. Bougier r. des Mathurins S. J. 10 Paris. Guiguet et Lallié sc.

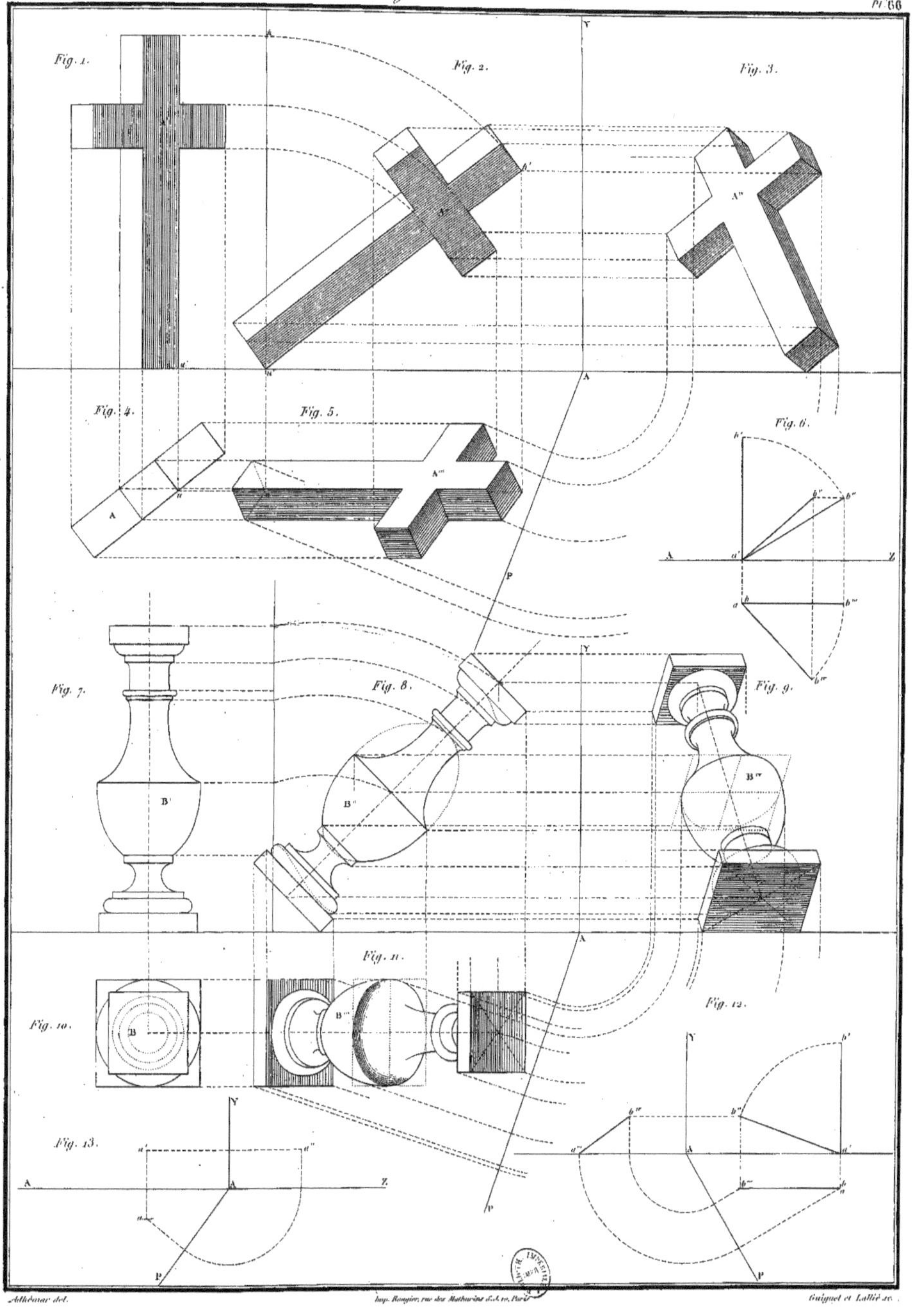

Objets inclinés.

Fig. 1. Fig. 2. Fig. 3. Fig. 4. Fig. 5. Fig. 6. Fig. 7. Fig. 8. Fig. 9. Fig. 10. Fig. 11. Fig. 12. Fig. 13.

Adhémar del. Imp. Bougier, rue des Mathurins S. J. 10, Paris. Guiguet et Lallié sc.

Étude sur les raccourcis.

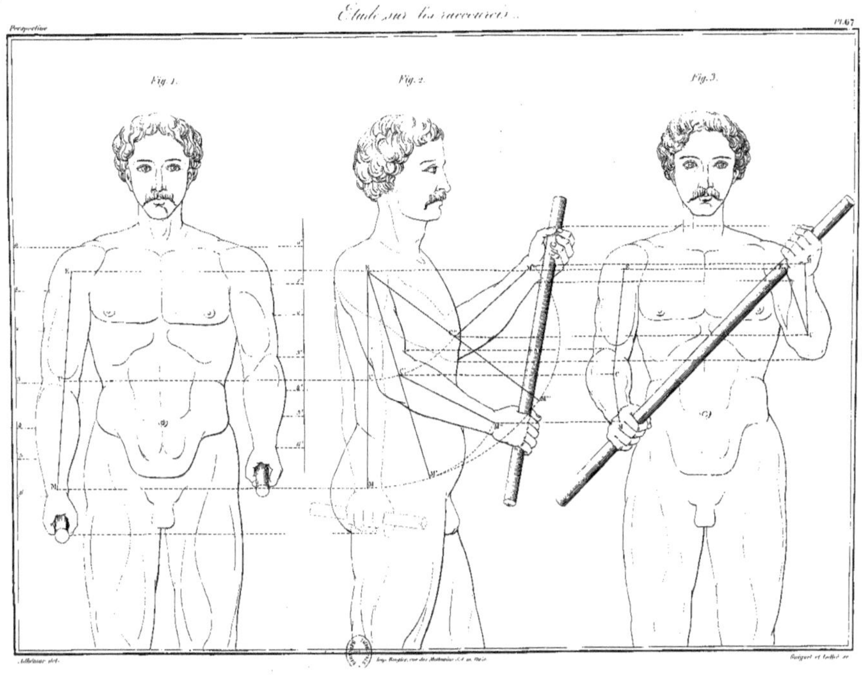

Adhémar del.

Guiguet et Lallié sc.

Études sur les raccourcis.

Fig. 1. Fig. 2. Fig. 3. Fig. 4.

Fig. 5. Fig. 6. Fig. 7. Fig. 8.

Adhémar del. Imp. Bougier rue des Mathurins 33 Paris Guiguet et Lallié sc.

Étude sur les raccourcis

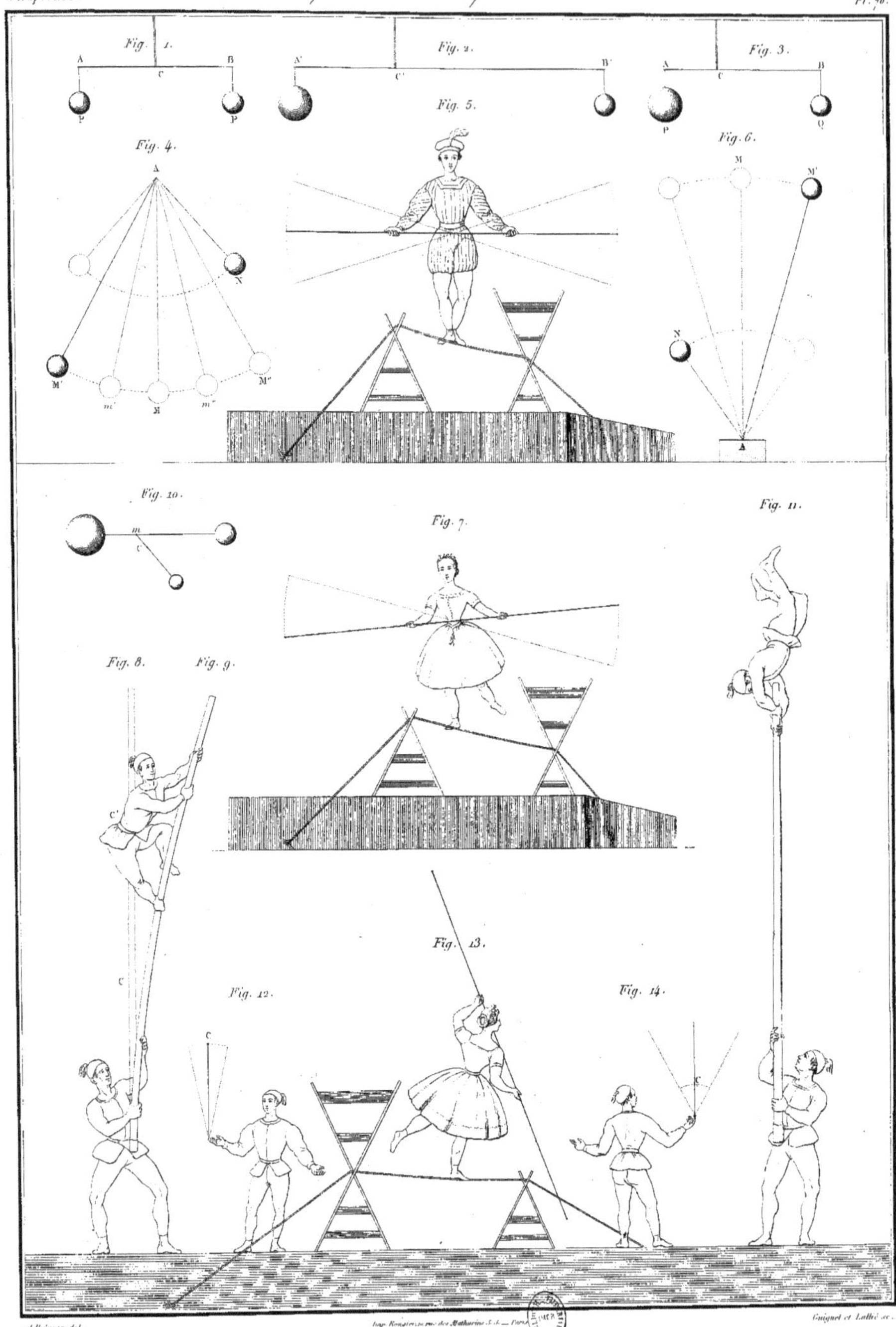

Adhémar del. Imp. Rougeron, rue des Mathurins S.J. — Paris. Guiguet et Lalbé sc.

Équilibre du corps humain

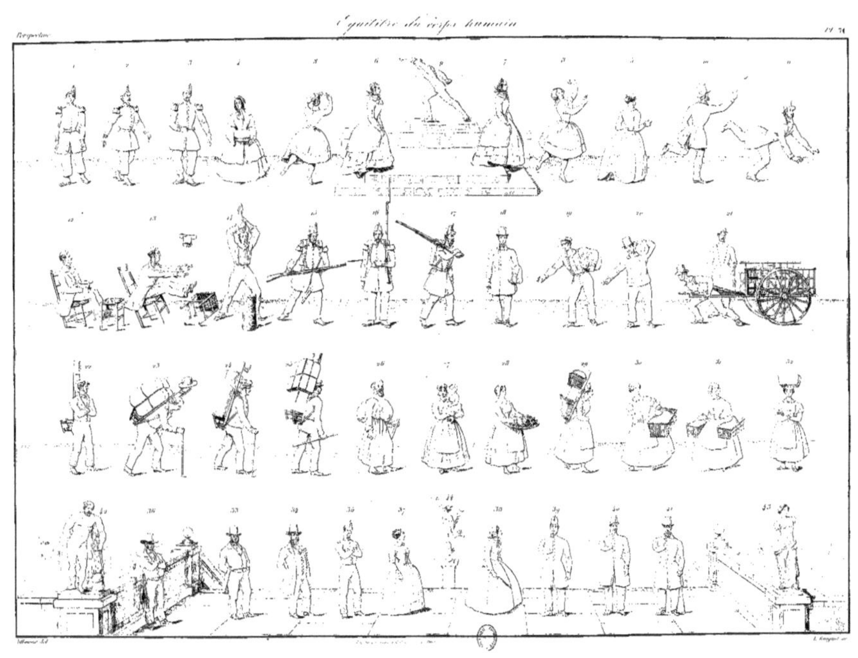

Équilibre du corps humain

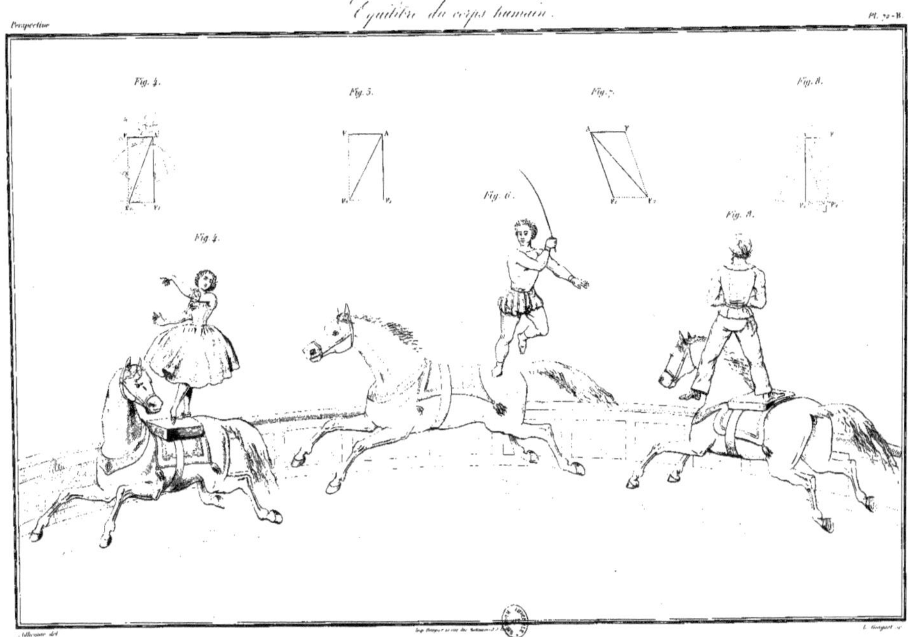
Fig. 4.
Fig. 5.
Fig. 7.
Fig. 8.
Fig. 6.
Fig. 4.
Fig. 8.

Objets éloignés.

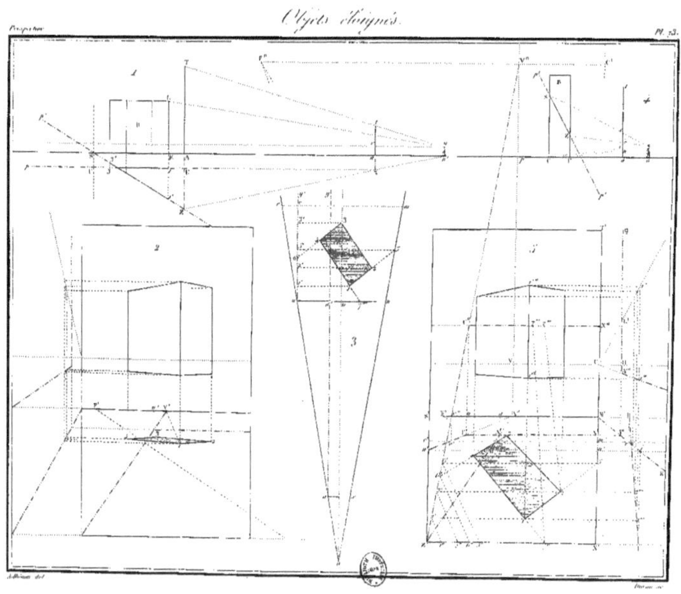

Halle aux blés de Paris.

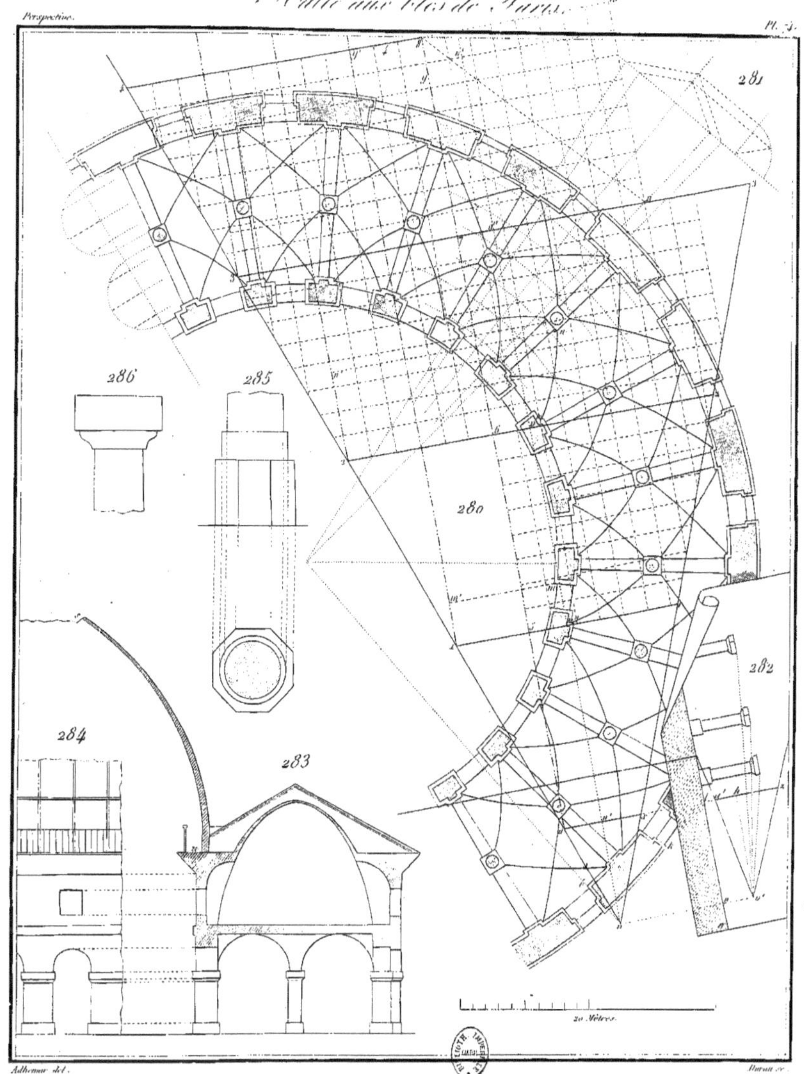

Adhémar del.

Durau sc.

Halle aux blés de Paris

Halle aux blés de Paris

Notre-Dame de Paris

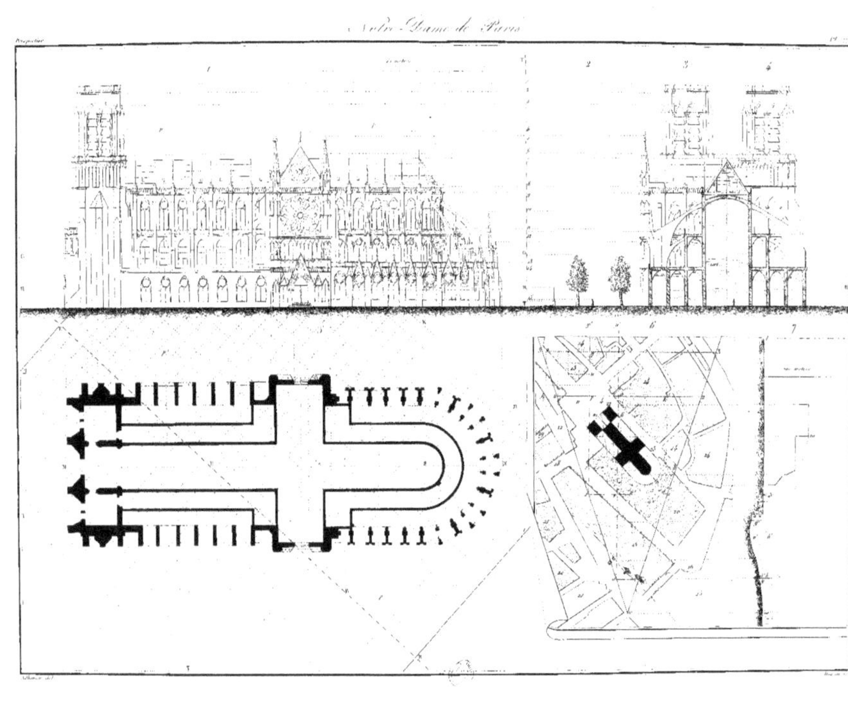

Notre-Dame de Paris.

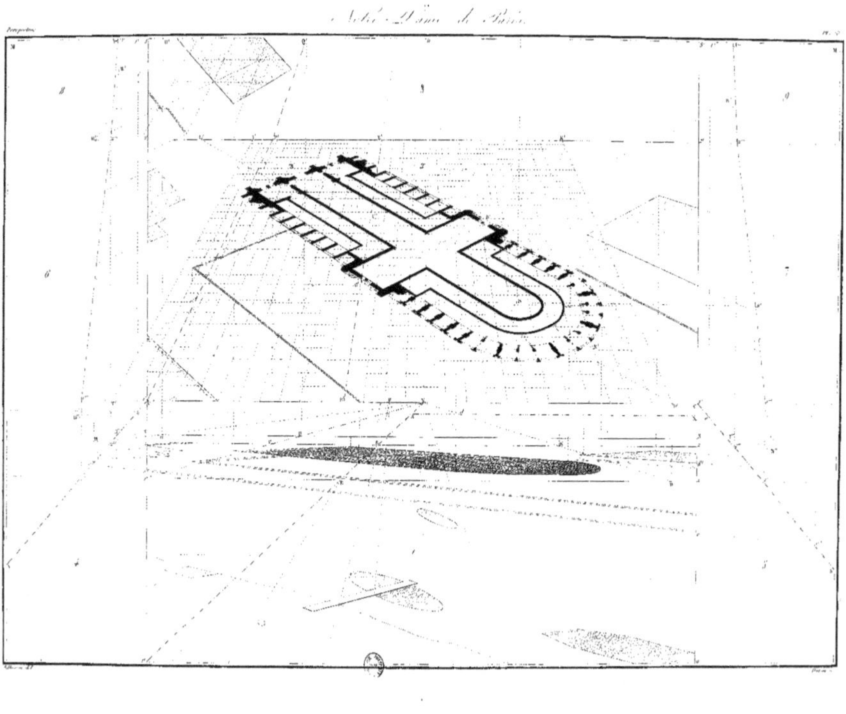

Notre Dame de Paris

Étude d'escaliers.

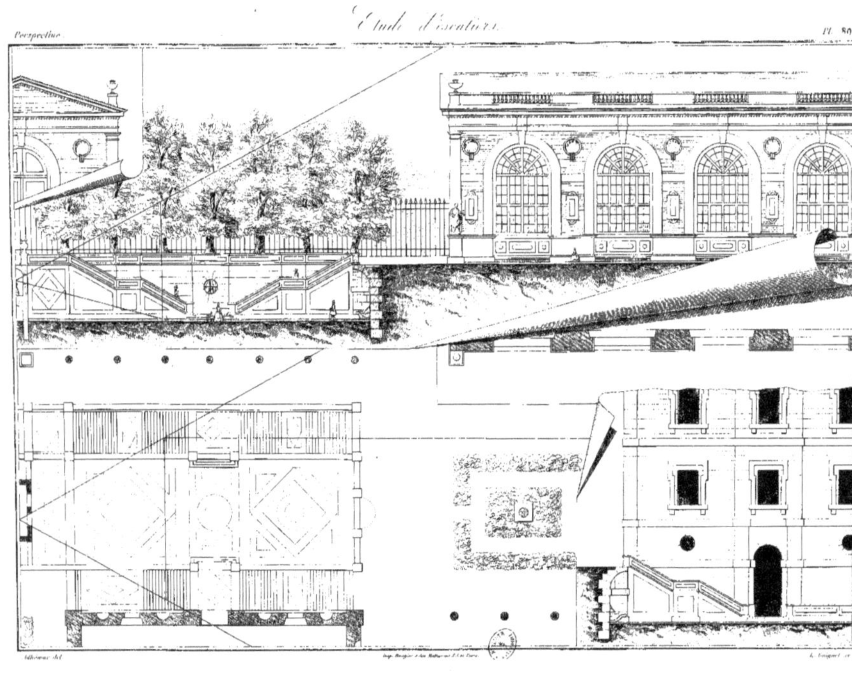

Étude d'exécution

Pl. 8.

www.ingramcontent.com/pod-product-compliance
Lightning Source LLC
LaVergne TN
LVHW020607230826
846091LV00002B/641

* 9 7 8 2 0 1 4 0 2 1 2 0 2 *